對於臺灣政治價值的省思

「讓出空間」與「敬畏」
作為公共領域價值的基礎

汪文聖 著

目次 *Contents*

人文新猷叢書總序

中央研究院／中國文哲研究所所長

黃冠閔

　　本叢書的構想乃源自國科會人文處（原「科技
部人文司」）規劃推動案「臺灣人文社會的價值基
礎：多元性與價值衝突的反思與研究」研究計畫，
自 2019 年 9 月 1 日起為期三年，由於執行期間遭
遇全球性的重大疫情新冠肺炎流行，也因此延後一
年結案。部分計畫成果規劃以出版形式發表，因
此，有此叢書的策劃。此叢書「人文新猷」之命名
蒙中央研究院鄭毓瑜院士惠賜，標示出人文研究在
進入 21 世紀後面對世界重大變革所必須有的轉型
與展望。鄭院士擔任科技部人文司司長時即規劃此
案，此乃鑑於人文學者必須與時俱進，以厚積學識
貢獻於世界，並針對價值問題適時發言。因此，計
畫構想便從價值基礎角度切入，面對臺灣及世界中
的各種價值衝突經驗，以檢視多元性的社會組成及

互動為基本原則而展開。

　　人文思想並非單純的描述經驗，同樣也關注經驗中可引為楷模的規範性，具有價值奠基的意義。因此，本計畫根植於臺灣在世界中的具體生存處境，以臺灣為發言位置，關注自身及周遭的互動，從人文價值作為國家戰略的高度來檢視社會與文化的多元層次，珍視民主經驗的實驗創新，更新傳統而面對未來，思索這些獨特經驗如何對於我們具體生活所在的世界有所貢獻。

　　概括地說，本計畫的主旨是：（一）危機與福祉：以人類共同生活的福祉為前提，根據臺灣與世界的互動中所凝聚的具體思想、文化、知識創造、社會實踐經驗，回應人類生活的危機與希望；（二）對話與理解：正視當代社會中科學技術創新的脈動，以對話、回應、診斷的多重角度來提取現代多元化社會中人類生活的自我理解；（三）批判與創新：闡發人文價值，批判地連結傳統資源以轉化出新詮釋，面對新問題及新變局，創造新觀點，以樹立人文科學的研究意義。

　　在計畫主旨的目標下，本計畫的執行是根據人文領域的多元性，邀請跨領域、跨學科的學者專家

參與，以價值的衝突、多元性、規範性為引導線索，檢視既有的研究成果，並鼓勵學者提煉核心概念，提供一些指引性的思考經驗、乃至於建構具獨特觀點的理論論述，期望為人文領域的研究創新貢獻力量。本「人文新猷」叢書便是作為計畫成果的發表。

呼應於計畫的主軸，本叢書規劃出版具標竿性質的一系列專書，內容既帶有研究者的回顧視野，也帶有對未來的指引。撰稿作者為專長領域長期耕耘的研究學者，熟稔於其專長的議題領域，也對既有研究的背景相當了解，有其解讀的圖景。但叢書設想的潛在讀者是在狹窄專業以外的一般讀者，邀請更廣大的讀者群建構一個公民的知識體，因此，本叢書邀稿時，便設定為較短篇幅，精要地剖析核心概念、陳述學理、概括分析經驗。此一設定是希望作者長期累積的學識能夠接觸到跨領域的讀者，藉著小書勾勒出人文研究的部分樣本，在結集成書、成為一系列時，產生相互觀摩的效果。故而，此叢書的書寫方式避開大部頭的系統完整性，既不同於期刊學術論文的詳注細推，也不是如教科書般的充分介紹，而是精挑一個焦點，以作者長期累積

的研究經驗勾勒出特定的核心概念。通盤地看整套叢書，由於不同學者的學科專長和關心的角度差異，會有不同的涵蓋層面交疊，雖然必定不是完整涵蓋，但也有焦點精華的呈現，在整體的跨領域面貌下，則可以反映出每一個世代的智慧結晶，標示出每一個世代的特殊關心處，能夠對於後來繼起的世代有醒目可辨認的效果。

不論是作為國科會規劃推動案或是本叢書的企劃，短時間的成果乃是拋磚引玉。在初期的執行上採取邀稿方式進行，但未來希望有更多的主動書寫出版。真正目的是希望人文學者更勇於進行社會溝通，提出對於我們身處的世界、時代、社會文化條件的批判，導向細緻多元的理解，展示人文研究的豐富意義。

致謝

　　雖然在書寫的過程中心情是沉重的，但在完稿後，我仍必須對過程中給予幫助的所有人表示由衷的謝意。

　　首先感謝黃冠閔與李育霖教授承接的國科會（原科技部）「臺灣人文社會的價值基礎」計畫案讓我在退休後對於自己的學術之路仍可做一項安置。冠閔教授在承接這個計畫案初始時即詢問我的意願，並鼓勵我參與將人文學術投入社會價值省思的志業。秉持著這個志業，冠閔與育霖教授積極有效率地假中研院文哲所於 2020 年 4 月與 6 月舉辦「專書初步構想」與「寫作構想與經驗」的實體微型工作坊，再於 2021 年 8 與 9 月舉辦了三次實體與視訊並行的專書演講系列。他們皆以主持人的身分適切對於我的書寫計畫歸納出核心問題以及提出了具體意見。

　　的確是秉持著這個志業，三年來雖身處於新冠

肺炎疫情籠罩的同好們仍願意凝聚一堂。而從我構
思到最後能夠完稿,其間共同與會者所做的評論與
建議對之是功不可沒的。

在起頭階段,劉紀蕙、錢永祥、傅大為等教授
給予了我往臺灣現況做更多省思的鞭策。在分享初
稿所獲的回饋中,李明輝教授評論羞恥感是否存在
於臺灣政治的氛圍中,並提點了康德的良知概念;
林月惠教授激發我去深入論述儒家的良知與匱乏概
念間的關係,去思索羞恥與敬畏感如何更顯現於儒
家,而不只存於基督教的傳統中;王華教授引發我
在羞恥、畏怯、敬畏等概念之間做琢磨,並對於我
處理的荀子榮辱問題,做了「義榮」與「勢榮」等
概念的補充;葉浩教授讓我重新思考民粹主義的利
弊,從而對它的地位做更恰當的安置,他也提供了
重要的參考資料,讓我更仔細去論述羞恥問題如何
出現在公與私領域的衝突中,而鄂蘭與之相關的討
論又是什麼;許樹珍教授揭示出羞恥的字源、羞恥
的不同對象,特別是針對羞恥的弔詭性指出了在護
理照顧場域有著類似的積極意涵,以呼應我針對公
共領域的討論;余安邦教授數次建議重做書稿結構
的安排,以避免實務問題的明確性為理論所遮蓋;

李彥儀教授事後續來信提出意見，促使我在論述價值時，能較仔細地區別於在一般調查研究時常對照信度與效度而使用的價值概念；李雨鍾博士以另一種表達方式來掌握我的問題性，使我能跳出原先的表述框架；林淑芬教授提出對於鄂蘭的民粹運動見解有以不同立場來解讀的可能性；另外孫雲平、蔡偉鼎、劉滄龍教授都在線上給予了我精神上的鼓勵與支持。

　　我也要感謝協助該計畫的博士候選人王又仕與博士後研究員王鍾山兩位先生，他們收集了相關的資料，特別是國內有關民粹主義研究的不同立場。我更要對於兩位匿名審查人表達謝意，他們讓我再度去整理思緒，特別是根據所提供的香港教授彭麗君的《民現：在後佔領時代思考城市民主》著作，而能將本書的理論適切地和所關切的實務問題連結起來，得以儘量消除讀者對於本書是否以理論概念的分析為主，而以省思臺灣的政治價值為輔的疑慮；同時也因可將彭麗君針對香港的政治問題所做的省思視為參照的對象，而將本書所關切的臺灣政治價值問題得以扼要地在理論發抒之前而提出，使讀者不致立即陷於理論概念分析的困境。

其次值得致謝的是我在 110 學年第一學期，也就是在 2021 年 9 月至 2022 年 1 月間授課的學生。我曾以初稿為藍本在大學部與研究班分別以「公共空間的價值探討」與「羞恥的議題研究」為課名，與學生不論是就書寫的講義，或是就有關文本的研讀與學生提出的報告，在授課與討論中皆能針對初稿，在進一步釐清問題下做更細膩的思考與更明晰的表述。

在 2021 年 12 月我接受國立臺南藝術大學「博物館學與古物維護研究所」劉婉珍教授的邀請，對於碩博士生以「現象學的哲學實踐」為題演講，我針對該所的特色，以「羞恥」與「讓出空間」兩概念討論屬私領域的藝術如何進入屬公共領域的博物館的問題：藝術家譬如將具前衛性的作品公開於世時，要對於保守的大眾做挑戰，可能包括對私密性暴露而出現的羞恥感去克服；在博物館公共空間的展示更需要藝術家、博物館、藝評家、觀眾彼此的「讓出空間」為條件，以期藝術作品獲得豐富與多元的詮釋空間。劉老師、其夫婿 Gary 與臺南藝大的陳泓意教授與我在演講前夜暢談「讓出空間」的概念，因這將成為隔日演講的一個關鍵詞。而劉教授

一度從 Gary 所確認的英文 giving space 譯為「誠／承讓」，引發我聯想到「君子無所爭，必也射乎！揖讓而升，下而飲，其爭也君子。」的景象。臺南一行使我在本書中所提的藝術作品與公共空間的關係獲得了共鳴，我也要對劉教授的邀請表示感謝。

對於時報出版社慨然願意出版拙著，我要致上至誠的敬意，因為雖然此小書書系旨在讓常安居於象牙塔中的學術落實於大地，期能獲得廣大讀者的親近，但仍需要有秉持志業的勇氣來助以落實。在此我仍要強調本書中所引余德慧的「大地存有」與「文化世界」兩概念，並借用它們來理解這個價值基礎計畫案以及時報出版社對此支持所秉持的志業：出版界所成就的「文化世界」乃由「大地存有」獲得生命活水的泉源，學者們要致力於這兩個層次的連結，至少要對之提出有力的論述，而出版界是提供這樣論述的舞台。感謝時報胡金倫總編輯與人文科學線王育涵主編，因為他們正有心在搭建這個舞台，讓「文化世界」得以時時為源自「大地存有」的生命力所灌注。

謹記於 2022 年 8 月 4 日於
達賢圖書館學人研究室

前言

　　針對香港於 2014 年 9 月 26 日至 12 月 15 日
發生的爭取真普選的公民抗命的雨傘運動，以及
2019 年 2 月 13 日起針對政府宣布修訂《逃犯條
例》的反送中運動，香港中文大學的彭麗君教授於
2020 年出版了《民現：在後佔領時代思考城市民
主》，這是由其英文原著 *Appearing Demos: Hong
Kong during and after Umbrella Movement*（原譯：
「雨傘運動及之後的香港」）翻譯過來的。書中幾
次提到臺灣在 2014 年 3 月 18 日至 4 月 10 日發生
的太陽花運動（彭麗君，2020：41, 45, 47, 49, 50,
112, 232），明確地指出香港的佔領和臺灣的太陽
花運動皆由類似的抗中情緒所引發（41）。不可否
認的，在不同的歷史背景中發展至今的香港與臺
灣，對於中國大陸在文化、政治與經濟上即便亦有
不同的同化的要求，「一些人感到有必要保護自身
的集體歷史、生活方式和語言」卻是相同的。繼

而，該書對於香港的警示，同樣也適用於臺灣：這些人基於自身保護意識所具備的本土情感，「也會易於被仇外的意識形態所用。我們必須堅定批判任何排他主義，還有一些宣揚『自己人』為優先去對抗『外人』的文化整全論，但同時，我們也要正視文化身分的正當性」（247）。

我擷取彭麗君在這裡對於香港的現況、原因以及展望的論點，認為這是全書的扼要之處，且可恰當地比之於臺灣目前的現況。我根本上贊同也頗欣賞彭麗君賦予佔領香港城市運動背後的深義：她主要從漢娜鄂蘭（Hannah Arendt）（港譯：阿倫特）的思想來揭示運動的意義與反省香港的何去何從。至於我這本小書固然不是針對太陽花運動，而是拉高到對臺灣的政治價值進行反思，但卻可從這些實際的運動出發來省思問題。

顯而易見的是，自從後蔣經國時代，臺灣政黨政治的本土化傾向愈形強勢，政治人士也漸訴諸本土情感，所謂「本土情感易於被仇外的意識形態所用」在臺灣乃司空見慣的事，而畢竟太陽花運動只是一個例子，去反抗中國大陸在文化、政治與經濟的「同化」的要求。彭麗君基本上在鄂蘭重視個人

差異、多元性，但又可形成共同體（community）的思想下，對於香港偏於民族主義的建制者與偏於本土主義的異議者，訴求在對抗中協商，乃至於相互合作（247-252）。我在這樣的思想理念上向建立政治價值更需要的「讓出空間」與「敬畏」去尋求根源。另外，彭麗君雖警示了我們「本土情感易於被仇外的意識所用」，但她對於政治人物本身的素養卻未做進一步反省，這或許和香港法治的成熟度有關。相形之下，在臺灣卻見到政治人物往往利用本土情感以仇外，繼而從中撈取自身的政治利益。我在深入反省政治價值中，提出的「敬畏」之情所源自的「羞恥」感即可在這方面對於政治人物有所批判與期許。

對於訴諸本土情感以保護香港自身，彭麗君幾次提到這是一種集體的情緒。集體的概念和前述的共同體不同，後者謀求自由與平等、民族主義與本土主義的調和（241-242），而集體就是片面地不只單單為本土主義者所群聚，也單單為民族主義者所集結。這兩者都可能形成民粹主義。誠如彭麗君不願在民粹主義的框架去看香港的未來，而訴諸鄂蘭的重視每個個體（229-230），我也在從理論的

論述轉至實務的省思時，借助鄂蘭對於臺灣政治環境中民粹主義的批判作為出發點，當然這裡包括偏於所謂獨派與統派兩方面可能出現的民粹主義。

作為哲學研究身分的我，無法像彭麗君一樣有著文化研究的訓練背景，從而很細緻地將香港運動予以描述與分析，並連結到鄂蘭的思想去。但我希望在較哲學性地省思臺灣政治價值當中，時或連結與對照，也試著去深化彭麗君的研究。畢竟香港與臺灣有相近之處，我的這樣連結與深化，可以讓較理論的陳述有些實務的印證，讓本書從學術概念的討論更去接近於對現實議題的探究。

我在本書前半部的學術概念討論是為了對於現實議題的探究打好基礎，概念在分析時有著明確的導向：價值的根源是什麼？它何以和海德格與鄂蘭的良知概念有關？而這兩者又如何和內在與外在的羞恥，以及繼續發展出的敬畏感與讓出空間相關？從而當我們在面對集體的情緒，也就是民粹式的情感時，就能對之做有力的批判反思。

的確，習於對問題做本質性深究的人大概會和我一樣的思考：身處於臺灣，我們敏感到臺灣社會的問題，人們生活的主流價值帶動著社會脈動中的

趨勢，如果我們察覺到這個趨勢的方向有所偏差，
我們有責任將它導往正確的方向。但驅動這個方向
的原因是什麼，應該首先被釐清，故我們似乎必須
要比較徹底地從價值這個概念的反省開始。鑑於在
社會上多數人們甚至不去反省自己生活所依據的價
值標準，他們只是在譬如受到某某權威人士影響而
信賴什麼，或是以某物是否有實效性來做判斷的依
據。因而在本書：

第一篇第一章，我要對這幾個判斷的依據做點
說明。我將更深入地借用海德格（Martin Heidegger）
的哲學去反省價值的根源是什麼，以避免即便在注
意到生活的價值時，卻被現成既有的、已不合時宜
的價值所規定。海德格在批評這種可稱為意識形態
的價值觀之下對於價值概念本身做些批駁，進而去
尋及更根本地為生活所據的生命本質。其實他在這
裡即在尋找價值的根源。而我將提出一個「匱乏」
的概念，連接到海德格所強調的存有論的良知概
念，強調價值的根源是在生命裡察覺到真正匱乏的
東西，從而在生命的實然困頓處，去感受應往哪個
方向去走，這是我在第二章要處理的主題。但我不
排斥從海德格探討得到的價值根源，可以再看價值

是什麼，我也不免俗地在**第三章**就所謂的真善美聖與科技等的價值概念來看海德格可能呈現給我們什麼樣的面貌。事實上以這幾個面貌來觀察，也不是偶然或任意的，海德格本身也恰恰對於它們提供了一些答案，至少是一些方向。在這裡要先強調，即海德格已注意到「世界」這個概念，他所處理的價值問題是和人不脫離所生活的世界緊密相關的。在接著**第四章**裡，我將檢討海德格哲學所建立之價值的缺失，主要是面對公共性問題時並不成熟或恰當，這也導致海德格本人在政治生活中的迷惑與困頓，以及他之為世人所詬病之處。

　　第二篇第五章就承續此一問題往他的學生鄂蘭去過渡，而在參照她的政治哲學觀點之下，提出公共空間作為價值基礎的訴求，指出鄂蘭承續海德格所重視的世界概念，擴延為公共空間的意義，在此之上發展出有別於傳統的良知概念。**第六章**我依然來看善美聖與科技等的價值，這是從鄂蘭以公共性為基礎來觀察的。我提出了「讓出空間」作為存有論的公共空間，再開展出「授予空間」的行為，這裡有著海德格思想的背景。在本書前半部對於哲學理論爬梳的前提下，**第七章**具體地去問臺灣價值的

問題，主要放在政治的領域。我一方面呼應龍應台
鑑於鄂蘭所警示的，民粹式的集體之愛可能對於臺
灣有什麼傷害，但另一方面提出我們不應只是以理
性來面對此問題，而更要訴諸一種正確的情感來應
對，而這是讓集體之愛回到其該有的地位，能抑
制其自我膨脹的一種情感。故在**第八章**就以畏怯
的情感作為民主政治的前提來討論，這其實和前
面討論的良知概念有所相關。我鑑於現象學家黑
爾德（Klaus Held）將鄂蘭本以私密性關涉到的羞
恥，轉為一種和尊重相連接的畏怯概念，進而將這
個畏怯的正面價值，關涉到「讓出空間」與「授予
空間」所需的敬畏的情感。其中提到吉兒・洛克
（Jill Locke）近著討論羞恥暴露於公私領域間的衝
突中，但最後要訴諸於一種健康的羞恥，這將關連
到我所提的尊重與謙卑概念。我又特別提到外在之
善的問題，指出屬於此問題的悲劇運氣固然造成人
們更大的悲痛，但卻可激發出正面的力量，以預告
後續要討論的羞恥如何可激發出諸如自我謙卑、敬
畏與尊重的正面力量。

　　第三篇第九章回溯中國哲學孟子與荀子的羞恥
與榮辱概念，提到安靖如（Stephen C. Angle）的

「進步儒學」（Progressive Confucianism）概念。安靖如在重視外在之善的觀點下，修正牟宗三的坎陷之說成為「逆向坎陷」，並在「禮」作為連結內聖與外王的論述中，從尊敬闡發出尊重與敬畏的意涵，這和我所發揮的畏怯、敬畏、尊重在建立公共空間所扮演的角色有所呼應。本章並從新儒家唐君毅的人生體驗中，獲得其如何超克榮辱、如何由私到公領域，以及如何面對超越者而心存謙卑與敬畏的啟發。**第十章**針對前面從內在自我要求的不足或只顧及外在他人的眼光分別對於羞恥的不同解讀，藉著查哈威（Dan Zahavi）對羞恥的討論，做出應該對二者綜合的結論。此外，我並整理查哈威在論述羞恥中所涉及的正面意義，以及他對於羞恥（shame）和屈辱（humiliation）的區分。**第十一章**處理羞恥在悲劇運氣中激發的正面力量，這乃藉著柏瑞斯（Virginia Burrus）從基督教徒對於羞恥的自我屈辱中提煉出具創造性的心靈力量，以及她審視當代的多元社會如何以暴露羞恥來應對不可避免的羞恥，從中激發出諸如愛的創造性力量。這呼應著我從自我謙卑、敬畏所激發的「讓出空間」作為存有論的公共空間，進而作為建立公共性的前

提。

　　結語中我特別強調，柏瑞斯在基督宗教的背景
下詮釋羞恥如何反映出人的有限性，以至於人們在
上帝面前自覺謙卑，我則論述著運氣或悲劇命運使
羞恥、畏怯更成為一種敬畏，讓人在自覺於內在道
德與外在與人和諧的匱乏中深感渺小與謙卑。這就
完成了我全書企圖以羞恥、畏怯、敬畏、自我謙
卑、尊重等等情感來抑制集體之愛的民粹式情感，
以重建臺灣的政治價值的論述。

第一篇

從海德格來看
價值的探源與建立

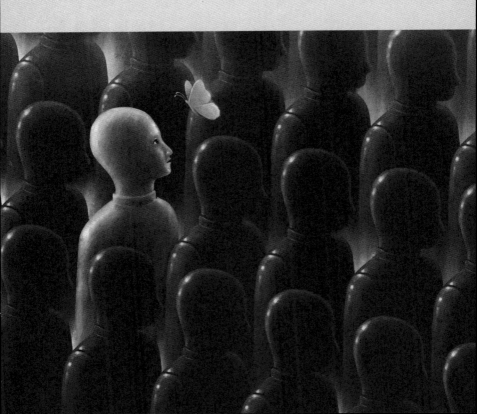

第一章
以信賴、實效或價值[1]
對人事物的判定與當真

　　過去有部名片叫「羅馬假期」，描寫奧黛麗赫本飾演的歐洲某國公主，和葛雷哥萊畢克飾演的美國記者邂逅於羅馬的浪漫故事。劇情的深刻處更在於這位記者基於對於公主的感情，而放棄了可以獨家報導公主在羅馬的故事，以致也放棄了可一舉成名，並獲得一筆飛來橫財的機會。這位記者為了名

---

1. 量化研究常以問卷調查探得研究對象之「信度」（reliability）與「效度」（validity）的實然趨勢，而非應然的價值（value）取向（參考汪文聖，〈生活世界中信度、效度與價值的可能性條件：對精神病學方法的哲學性反思〉，《應用心理研究》第 29 期，2006 年，頁 101-129）。在類似的意義下，我借用這三個概念來看我們在日常如何判定人事物。故它們也非哲學的「信念」（belief）、作為客觀「可證成性」（justifiability）的「有效性」（validity；德文：Gültigkeit），以及作為主觀認定從而具有價值意涵的「有效性」（德文：Geltung）用詞。但在後面討論到海德格所批評的符應論方法來證成真理時，則也觸及哲學的有效性問題。

聲與財富可以發表既有信賴也有實效的新聞報導，
這同時也可對外證明他本人至少在新聞行業方面是
值得信賴與具有實效的。他今以感情為優先考慮，
雖捨棄了以信賴與實效之表現給他人，但卻反映出
其本身的價值。

　　從新聞專業在於求得第一手屬實的新聞立場而
言，那位美國記者大可將歐洲公主的生活點滴甚至
隱私公諸於世，他有足夠的證據讓讀者信賴這是真
的。而若媒體方面有以某客觀的標準來鑑定一個報
導的真實性，那麼該報導必可被判定是有效的，更
遑論以營利為目的而可判定該報導對於此目的的達
成是有實效的。故這樣的取得信賴與實效，正足以
確立其新聞專業與記者身分的地位。但我在這裡
不針對某人的專業與身分，而是對於一個人整體
的品質來論其價值。專業與身分是一個人的屬性
（attributes），而非他的本質（essence）。屬性的
界定是以某個觀點與立場為前提的——如他的工作
能力、身體狀況為觀點，我要了解他能否為我所受
用是立場，但他的本質就在於其整體的品質上。

　　亞里斯多德（Aristotle）在其《形上學》
（*Metaphysics*）卷七說本質是「凡是就其自身／

為其自身之故而言者」（what is said to be propter se/for its own sake）或「就其本性」（by the very nature）而言的東西，他舉例言「文雅（有教養）的（musical）」不是就其本性而言者，故不是人的本質（1029b 15-17）。本質之為就其自身而言者，被康德（Immanuel Kant）解讀為人以自身為目的，同時也以別人為目的（GMS, 50/428）。由此康德評斷人具有絕對的價值（absoluter Wert）（GMS, 50/428），並謂這樣行事不是基於外在的動機，而是基於內在的價值（innerer Wert）或尊嚴（Würde）（GMS, 58/434）。

鑑於此，這個記者之足以確立他本身的價值，就在於他以公主自身為目的。相反的，若藉著她贏得了個人專業與身分的信賴與實效，就與個人的內在價值無關。再依康德的說法，這是以巧思（Geschicklichkeit）為尚，著眼於達成任何目的的方法為主（GMS, 35/415）。巧思以自己所設定的目的而求諸方法來達成，故不會以他人為目的來考量。弔詭的是，因他在某個觀點與立場去設定外在的目的，故讓自己也無法以自身為目的來行事，以至於獲得的只是旁人對於該觀點與立場的信賴與實

效，而非其整個人的內在價值。康德之同時視自己與他人自身為目的，我們與其說兩者之間有互動關係，不如說康德針對的是理性的人本身的尊嚴，這就同時包括了自己與他人。

但我們是否可進一步將視之為目的自身的擴及人以外的生命體甚至萬物，以顯示我們不只表現給他人，也可表現給宇宙萬物所反映的價值？以它們自身為目的可再理解為讓它們能發展與顯現其自身，這是借用現象學（phenomenology）「回到實事本身」（to the things themselves）的理念來表達的。重視萬物的目的自身或讓它們顯現自身，這涉及到目前流行的「生態哲學」（philosophy of ecology），以及對於「人類中心主義」（anthropocentrism）之過於重視人類自身目的之討論。[2] 但這些皆不是我要討論的主題，因為我之所以針對某人不只讓他

---

2. 在臺灣即有以儒家來看建議轉為「人類優先主義」的，以及從佛學來看基於「緣起論」與「眾生平等」而對「人類中心主義」更持否定的論述。前者如朱建民，〈由儒家觀點論西方環境倫理學人類中心主義與自然中心主義的對立〉（《鵝湖學誌》，第 25 期，2000 年，頁 1-40），後者如釋昭慧，〈佛法與生態哲學〉（《哲學雜誌》，第 30 期，1999 年，頁 46-63）。

人，也讓萬物展現自身以反映其價值，旨在連結到海德格所區別的對象性／存有論與方法性／認識論的真理，以及從存有論的真理來看的價值起源問題。

海德格在《存有與時間》（*Sein und Zeit*）裡提到該書處理的是「基礎存有論」（Fundametalontologie），這是就研究的對象來說的，但就處理方式（Behandlungsart）來說是一種現象學（SZ, 27）。我們不要忽視了這樣的區別，因為當人們只注意到以信賴與實效來判定某人，或為我進一步強調之對某人「當真」（für whar halten; hold as true）時，往往混淆了真理的方法與對象。而人們只侷限在方法上談真理，卻是其來有自，這就要回到海德格在這方面的討論了。

海德格以為基礎存有論就方法上言是現象學的，現象學的方法是讓事物或實事（Sache）如如地顯示其自身，這是屬於真理的方法一面。而真理已被他理解為開顯或解蔽（aletheia）：事物如同在他喜歡散步的林中路上，隨著微風搖曳時而穿透葉縫的，如同水銀洩地般閃爍的陽光所照亮的道路，故路上除了開顯之外仍有遮蔽之處。這一方面由

於大自然不斷湧現（aufgehen）自身（ZW, 87），陽光、林地、樹葉、道路、微風、走在道路上的我，皆納入在這個大自然中。古希臘的赫拉克利特（Heraclitus）描寫的我不可能踏入同一河流兩次，這個河流象徵著整個大自然的洪流，被海德格常以湧現來形容。林中路作為實事只是我目前鎖定為真理的對象，它在開顯與遮蔽中擺動，因大自然的使然。大自然中的任何內容皆如此，皆可被鎖定為真理的對象。另一方面人本就應該被動地讓事物本身呈現，而非對於事物採主動攫取（ergreifen）的方式去對之進犯（Angriff），才能讓事物因大自然使然地以開顯與遮蔽的面貌呈現（ZW, 106）。這兩個方面一個是真理的方法，一個是真理的對象。因而，海德格以現象學為方法，反而能讓對象性的真理顯現。前面所說的，以信賴與實效來對某人判定或當真，就是以方法取代了作為對象的真理本身，因為它們有著人為設定的目的、觀點與立場，故對海德格而言是對於事物的進犯，以至於無法讓事物本身顯現，並且因為所關注與依據的僅是屬於方法性的標準或真理，從而不能上達對象性的真理。

　　海德格本人對於只重視方法性真理的批評，我
們可就他對於符應論（correspondence theory）真理
的批評來看（SZ, 214-218）。符應論真理指的是當
命題與事實一致時，則命題為真。符應表示兩者之
間的某種關係，如「我目前在桌子上寫字」的命題
和「我確實在桌子上寫字」的事實之間的關係，而
這個關係多是由知覺來建立的。知覺是對於某個事
物表象化（vorstellen; representing）。更進一步來
說，是對於事物作為對象來認知。這樣的認知態度
對於海德格來說已脫離了人本來在世界中直接生活
的態度，脫離了我之前描述的處於湧現的大自然中
生活的態度。這個態度和我之前所說的讓對象以自
身為目的也息息相關。在此人和對象的關係是更全
面的，也更根本的，我們以經常分為智、情、意的
生命整體狀態來面對它。相反的，表象化或認知的
態度是從其中抽離出來而只涉及理智的部分。

　　我們知道認知或知識論取向是從笛卡兒
（René Decartes）開始，他提出了主體的確定性
為認識的基礎。海德格詮釋說中世紀上帝決定人
的生命與生活，包括決定了人的認識，人一旦要
從這個決定解放出來，就有人的「自我決定性」

（Selbstbestimmung）的想法，人進一步要從中獲取自由，就有人的「自我確定性」（Selbstgewißheit）的要求。這個確定性對於笛卡兒是指一切思考的活動一定有主體相伴，這是所謂的「我思，即我在」（cogito, ergo sum）（ZW, 104-106）。而且這可連結到他所創立的解析幾何，需要從一個公理出發，或是從一個 XY 軸的零座標出發，以建構知識體系。因此，認知思維，也就是表象性思維，充滿著從阿基米德點往外去推算的性質，讓自我以幾何推論為支配的方式，將自我確定性向外擴延，讓外在之物也被確定。

因此當我設法確定一個命題是否為真，以知覺去檢驗該命題是否符應事實，至少這個知覺活動的確定性要以主體確定性為前提，也就是有「我思」（Ich denke）的主體相伴。在要求自我確定性的傳統下，康德明確地說任何表象（Vorstellung）要有「我思」必定能夠伴隨（KdrV, 141b/B 132）。這個具支配作用的表象性思維作為命題與事物的中介，卻讓主體去進犯事物，所建立的認知關係是從人本來與事物間所具的全面與根本的關係抽離出來。我認為這即是在建立認識的有效性，以及符應

論真理的有效性。海德格對此批評旨在引導我們要與事物保有更全面、更根本的關係[3]。他的基礎存有論從這裡出發，我要強調的價值就奠基在可讓對象性真理呈現的基礎存有論之上[4]。

我先以赫許（Edwin Hersch）在《從哲學到心理治療》（*From Philosophy to Psychotherapy: A Phenomenological Model for Psychology, Psychiatry, and Psychoanalysis*）所舉的一個例子，來具體說明海德格哲學對於價值扮演著奠基的角色：

----

3. 高達美（Hans-George Gadamer）承繼海德格，區別決定生命的、關乎存在的真理，與建立在可追求、確認之方法的近代科學，但更以語言為主題，將科學之命題回溯其包括意義與問題處境的處境視域（Situationshorizont），和以提問與回答來進行的打招呼作用（Anredefunktion）。在這種詮釋學的立場下，因為每個命題既隸屬於整個歷史，又同時存在於當下，故我們要聽過去對我們有效的招呼，再提出自己所理解的問題，將過去與現在的視域融合，才能以歷史性之人文科學（Geisteswissenschaften）形式與真理連結。見 Gadamer: "Was ist Wahrheit?", in *Wahrheit und Methode. Ergänzungen Register* (Tübingen: Mohr, 1986), S. 44-56.
4. 據我對於劉紀蕙《一分為二：現代中國政治思想的哲學考掘學》（臺北：聯經出版有限公司，2020 年）的觀察，她也是從存有論（她稱為本體論）的根本處來省察或批判從一分為二的認識論框架與價值體系。她認為這個框架也導致了儒法之鬥，她進而從畢來德的莊子、當代法國哲學與章太炎等之不同存有論的立場，來批判與重構政治的思維與機制。

Joe 帶 Bob 去看心理醫師。Bob 似乎患了妄想症，堅持著沒有必要做任何事，因為「他已經死了」。在後續的談話中，Bob 告訴醫師：「對的，我是死的……確實我知道。」他奇怪為何其他人要不是質疑這個事實，就是無恥地認為關於他的死活知道的比他自己還多。在索然無趣中，Bob 不接受他之能走能談與死是矛盾的看法。但他不願意吃，依然說著：「當你死了，吃就毫不重要了。」這特別讓 Joe 擔心。當問到 Bob 如何知道自己死了，他回答道因為所有的感覺都已停止，像他的心臟停止跳動，他的血液也停止流動。在此時刻，更被激怒的 Joe 問他：「死人不流血？」Bob 冷靜回應：「對，死人不流血。」Joe 再問一遍：「你完全確定？死人永不流血，對吧！」Bob 重覆著說死人不流血。Joe 把手伸到口袋中，然後讓 Bob 與精神醫師都嚇一跳地，將一隻手抓著 Bob 的手放在桌子上，另一隻手則拿著小刀刺進去。Bob 和醫師彼此張望，Bob

驚駭得睜著大眼，醫師十分錯愕地不知誰
才是瘋子。Bob 往下看著手，當血液流出
蔓延開時。Joe 生氣地告訴他：「你看血
在這裡。死人不流血，對吧？你自己說
的。現在你還以為自己是死的？」安靜了
片刻，然後 Bob 驚訝地看著，輕聲地告訴
醫師說：「我從來沒有相信過，死人會流
血！」（Hersch, 2003: 97）

　　在這個故事裡，當原先 Bob 堅持死人不流血
後，Joe 想以反證讓 Bob 反省自己不是死人，而得
以去除其妄想症，這似乎是 Joe 想要治療 Bob 的一
個手段。其中符應論的真理被運作在此「以子之
矛攻子之盾」的策略裡。原來這個命題「死人不
流血」要符應著事實才為真，Joe 欲證明這是假命
題，就讓 Bob 直接來看自己的流血狀態，也希望
Bob 不以原先的命題來界定自己是死人，從而來糾
正他的妄想症。但因為 Joe 只著眼於以這種認識論
的視野來糾正 Bob 是怎樣的人，因此並不能有效
地達成其願望。以認識論的視野建立了命題與「人
是什麼」的片面關係，「人是什麼」更遑論問「人

是誰」是無法由此片面關係的證實或反證獲得答案
的，它需要更全面甚至整體的關係。事實上當 Bob
若無其事地告訴醫師：「我從來沒有相信過，死人
會流血！」這已證明了 Bob 是什麼或是誰 —— 指
的是「他妄想自己是死人」 —— 本身的存有狀態是
建立在存有論，而非認識論的基礎上；Joe 的企圖
就很容易被 Bob 自圓其說地反駁，這指的是 Bob
從其主觀的存有狀態出發，對於周遭事物與自己的
關係做了一番解釋，指涉到周遭事物的任何論述只
不過在輔助說明他是什麼或他是誰。

　　這讓我想到了融貫論（coherence theory）的
真理，融貫論是對於基礎論（foundationalism）的
反對，而主張真理要滿足系統中各個命題彼此間
的融貫性。Bob 的「我從來沒有相信過，死人會
流血！」言論固然和原先「死人不流血」的命題
不融貫，但卻和「他妄想為死的」的存有狀態是
「融貫」的。同樣的，「死人不流血」的命題仍出
自「他妄想為死的」的存有狀態，也和此為「融
貫」。上述的不融貫情形是在知識論的層次而言，
知識命題彼此的不融貫，卻與它們所從出的存有狀
態是「融貫」的。故他是什麼或他是誰要由存有論

的層次來界定，在這裡可真正瞭解 Bob 的病因與病情，繼而較能進行有效的療癒。

「他妄想為死的」這個存有狀態如何為真？就要回到和 Bob 共在的生活方式中。這是不再對於 Bob 的言行舉止只做表象性的、對象化的認知，而是從二元論回到一元論的立場。所認知的對象不是觀念的，而是在客觀時空有其位置而為實在的。但是這個實在論不是原先在二元論立場下，主體對於客體採取一種進犯的態度，繼而有的一種片面的關係，以至於事物的真正實在性被表象所掩飾。相反的，現在一元論的實在論是主客不對立，主體讓對象如如地呈現的。但為什麼在前者二元論的認識論立場下，真理是就方法而言，在後者一元論的存有論立場下，真理是就對象而言呢？我認為當人們有著自我決定性與自我確定性的訴求時，就會產生以主體的支配力來檢驗真理的意念，在這個時候當真的方法一面就成了主題，故真理的對象性往方法論去遊走、轉移。相反的，當人們騰出了對象顯示自身的空間，反而能讓對象性的真理突顯出來。我們因此在上面將信賴、實效與價值分別放在真理之方法與對象上來瞭解，而海德格的現象學為研究方

法，存有論為研究對象，之所以可這樣兩面顧到，
因為他的方法適足以讓對象顯示其自身。

　　與 Bob 共在的「共在」是海德格的用語：Mit-
sein，表示他人與 Bob 共同處在一種存有狀態，
即「他妄想自己是死人」。前面說的學者赫許提
出的方法是「實在論－非二元論－共構的－詮釋
學」（Hersch, 2003: 132），這表示 Bob 的存有狀
態是他人與 Bob 共同構作出意義的，而它不被表
象所掩飾，是自身顯示出來的。狄爾泰（Welhelm
Dilthey）之生命自行解釋自己、述說自己的說法，
影響著海德格早期對於生命的自我表述，也就是
生命自我詮釋的理念。據此他人與 Bob 共同對於
Bob 的生命狀態做詮釋。共在的概念雖在《存有與
時間》後半部提出來，相對於「存有」似乎是衍生
出來的，就如同與它們成對的「此有」（Dasein）
和「共同此有」（Mit-dasein）的先後關係一樣。
但對於海德格而言，「共在」與「共同此有」卻是
先在的（SZ, 120-121）。對此我們不必再細說，目
前要進一步解釋的是，存有論涉及的對象性真理為
何與價值有關，以及基礎存有論為何又是價值的基
礎？

第二章
價值的根源是什麼？

　　雖然我說，價值是對象性真理的呈現，但如何讓它呈現的問題，關連到價值如何起源的問題。更本質的表示是：存有論真理如何與價值有關？價值的基礎是什麼？而這兩個問題是合在一起的。根本上我對於此問題的思考是：價值起源於對於存有論真理的匱乏，匱乏一詞提供了價值的基礎或根源的意義。

　　這個詞語意義的背景來源可追溯至亞里斯多德，在《形上學》卷十二亞里斯多德（Aristotle）對於原先作為萬物原因（aitia）的質料因與形式因再加上了「匱乏」（steresis; privation）為第三個因（1069b 34）。我認為加上匱乏因的用意是，強調形式之由質料生成是因為在質料裡保有潛在之形式，且以匱乏的狀態呈現，故質料就有個動機或動力，讓匱乏的形式獲得充實，也就是讓形式能實現

出來。亞里斯多德雖有個最高的第一因作為質料
逐步生成的目的，看似它在引導著質料，但從質
料裡形式的匱乏來看，卻也淡化了形式從上對下
之質料的引導甚至規定，而顯示出質料之所以生成
形式是因為質料本身的需求。故亞里斯多德提出了
欲望（desire）一詞，強調質料對於美好的第一因
去追求，且根本在於質料本身對於第一因有著匱乏
感。

　　我常以一個例子來強調這個質料匱乏形式的重
要性。如果我餓了，這是對於飽或至少飽餓均衡的
身體狀態呈現了匱乏感，我就順著生理需求的動機
去填飽肚子。我們看到禽獸就是以這種方式填補肚
子，嬰兒也是，他們是順著質料的匱乏形式產生的
自然動力去讓形式實現的。但若年事稍長，當人的
自主性強了，常會違逆著這屬自然目的之匱乏與順
著去充實的流程。你鬧彆扭不吃飯，或為了某政治
目的絕食抗議，即因為要滿足其他的欲求，而違逆
著自然目的之質形論所帶出的生成運動。亞里斯多
德《形上學》卷七區分自然生成是形式出自同個物
的質料，人為生成是形式出自同個物的質料以外之
人的思維（1032a 20-1032b 3）。今就自然生成而

言，那麼就要順著肚子的餓而去進食。

在上面的例子，已清楚可見飽或飽餓均衡的身體狀態是一種價值，這個價值是原先在餓的時候所匱乏的，那對此做填補，就實現了這個價值。此時你一時貪圖口慾，就像在吃自助餐一樣，即使填飽了，仍覓食不斷，就違逆了原先的價值。你去比賽大胃王，有其他的價值在追求。你不吃飯，在抗議媽媽或有更高的政治訴求，也在追求某些價值。但後面這些非順著自然目的以滿足原先匱乏之價值者，往往以人為設定的目的或價值在引導與規定自己的行為。嚴重點，政治上的意識形態就是典型的例子。

那麼現在按照海德格的基礎存有論，其中的「此有分析論」（Daseinsanalytik）所顯示的「此有」可能在根源深處的匱乏，是否就顯示了根本的價值所在呢？答案是肯定的。雖然海德格在《存有與時間》不直接說出心目中的價值為何，卻多是批評他人的價值學說，原因在於他們忽略了以基礎存有論為前提來談價值。故我們要知道海德格所分析出人之根源深處的匱乏究竟是什麼？

我必須承認，當我從亞里斯多德所提的匱乏說

過渡到海德格的，難免有人會質疑：亞里斯多德從
質料來看對第一因的匱乏，和海德格從其基礎存有
論的立場來看是否相同呢？我將暫時擱置這個問
題，而之前提出亞里斯多德的匱乏說及一些例證，
主要在說明匱乏的一般意義。

　　延續上面所說的，海德格以為建立在主體確定
性的符應性真理只是人和物體的片面關係，這個關
係是從人和物體之間有更全面與根本的關係抽離出
來的。人和物體間的全面關係是存有論的，人與物
體的片面關係是從存有者狀態演變成認識論的。相
對於後者建立在主體的確定性之上，前者卻建立在
海德格所說的「良知」之上。「確定性」和「良
知」有個微妙的德文關係：Gewißheit（確定性）
對上 Gewissen（良知）。海德格要從認識論的出發
點——確定性，回到存有論的出發點——良知。但
是良知究竟是何義，它和匱乏一詞有何關連，從而
如何成為價值的根源，就是我在下面要闡明的。

　　事實上，良知有存在論的（existenzial）與流
俗的（vulgär）兩種觀點（SZ, 289）。存在論表示
屬於人的存有論。流俗的良知並非由存有論，而是
由認識論的立場來瞭解的，它使良知的本義轉換

到確定性的意涵。流俗的良知也關連著匱乏或罪責（Schuld）兩概念，但所匱欠或所咎責的良知體驗（Erlebnisse）是在行為完成或未完成之後所浮現出來的，對此我們常以良心有愧（das schlechte Gewissen）來表示（SZ, 291）。這裡出現兩個問題，首先，有愧的或有匱欠的譬如是他人對自己有權利所做的財產或倫理方面的要求（SZ, 282），這足以作為善或惡的標準嗎？另外，對於所匱欠的事物是以回憶的方式來體驗（SZ, 290），所匱欠的是現成的事物（SZ, 291），這樣來看人之有愧的良心符合海德格從存有論立場所觀察的良知嗎？我們從海德格的論述中或可得些答案，而這裡之所以將此拿出討論，是關係到後面闡釋的鄂蘭所發展的良知概念，以及更後面的羞恥概念。

　　海德格將良心有愧對照出良心無愧（das gute Gewissen），認為有這種想法的甚至說出口的，應該是向外宣告自己是善良的。即使「過去它來自上帝權能的流出，但現今卻是偽善的奴僕」（SZ, 291），這句話顯示過去良知無愧的依據已不適用，並以為真正善的人不會說自己是善良的。我想海德格主要以為從正面良知無愧的觀念推導不出良

知的原始現象，因而負面的良知有愧，以致「良知呼喚罪責存有。」（SZ, 291）仍應該是要探討的問題，只是罪責或匱乏不能針對現成之事物，從而對它們以體驗的方式來瞭解。

鑑於此，海德格繼續討論：像謝勒（Max Scheler）一樣反過來以良心無愧是對於良心有愧體驗的（erlebt）缺失，這就預設了人應始終有良心有愧的體驗，而若沒有這個體驗，就顯示良心無愧。但這會是一種對於罪責之呼聲未出現的經驗（Erfahren），即對於我沒有什麼可自責的經驗。惟這種「沒有」所具的匱乏意義如何被體驗到？海德格以為這所謂的體驗完全不是對於一種呼喚的經驗，卻僅是一種自我確知：因為我並沒有做出一種歸咎於我的行為，所以我是無罪責的。但這種「成為確知」（Gewißwerden）完全不具有良知現象（Gewissensphänomen）的特徵，卻是對於良知的遺忘，因為「確知」反讓我安心地壓制這個良知，且是對於後面要說明的「願有良知」之壓制（SZ, 291-292）。

在這裡海德格區別了經驗與體驗，體驗顯然是針對謝勒的，或在意識中讓現象呈現的現象學立

場[1]。體驗是對於現成事物的表象性活動。反之對於呼喚的經驗，以致形成存有論的良知，就不是這種活動。又上面的確知首先是針對：「我確定沒有做壞事，所以良心無愧。」這個「沒有」是一廂情願的，是真正的罪責或匱乏被掩蔽後出現的「沒有」，惟這個確知的「沒有」卻讓真正的、應該經驗到的「沒有」喪失了去探究的動機。在後者被掩蔽之下，前者的確知是從存有論滑到認識論的立場下的產物，它取代了存有論的良知。

不論將無愧視為有愧於良心的匱乏，但導致了確知以取代良知的經驗，或仍將無愧視為有愧於良心的標的，而它的標準取決於將罪責與無罪責做結算以取得平衡（SZ, 292），我以為這些皆是將所匱乏的、以致對之產生罪責的「對象」視為現成的、可算計的、可為主體支配的，故這仍是在認識論的立場下，以主體的確定性為外在對象被當真的

---

1. 誠如張偉在《質料先天與人格生成：對舍勒現象學的質料價值倫理學的重構》（〔臺北：政大出版社，2013 年〕，頁 216-217）論及謝勒體驗的概念，即便重視的是人格的自身體驗，宜藉助胡塞爾分析的內時間意識以及絕對的意識的概念來表述，這個體驗概念似乎仍為海德格歸為意識的體驗。而經驗一詞或許更強調整體生命事件的邂逅（encounter）。

前提。被當真的是因為匱乏某事物而有所謂的良心
有愧，且匱乏與否是以事後的回顧來檢視。即便事
後的良心有愧可引起事前的警示，但這向未來行為
的呼喚必須以存有論的良知，亦即由此有的存有可
能來呼喚為條件（SZ, 292）。若忽略這存有論的
良知，那麼警示我不去做所依據的標準，常是約定
俗成的，甚至人為操作的[2]。這種流俗的良知反讓
人居無定所、無所適從。故人們從存在性的真理轉
為邏輯性的真理，從實踐轉為理論的當真，以確定
性來安定並取代良知其來有自。那麼真正存有論的
良知是什麼？

　　海德格把良知一詞和罪責以及匱乏關連在一起
來談，到底虧欠的是什麼呢？虧欠的是我們本真的
存有，但存有是什麼？通俗點談，它可說是我們真
正的生命，是有意義的生命，甚至指的是前面我所
說的處在大自然之中的生命。意義是建立在我們有

---

2. 後面將提到一種前瞻式的羞恥是事前對於某某行為一旦去做
　　就會感到的羞恥心，這是對於未來心存敬畏之情。海德格這
　　裡指出真正的警示不是事後如學到教訓的提防，而是從此有
　　的最大可能性向回呼喚而得的警示。前瞻式的羞恥是否更應
　　建立在海德格這種存有論的良知之上呢？

著最大可能性的基礎上，這或許表示我們可從大自然取得生命的最大可能性。但平時的我們怎麼活著呢？我們已經不由自主地來到這世界上，背負著前人的烙印在身上，我們又常忘不了過去的喜怒哀樂，以至於在當下時刻擺不開它們對我的影響，這是所謂過去既被拋擲而來，現在又沉淪不能自拔，對於它們皆牽掛不放。牽掛（Sorge; care）是海德格對於我們作為人之本質的刻劃。[3] 牽掛還有一種向度是對於未來，我們有著盼望，有著規劃。但一般對於未來向度的牽掛是基於對於過去與現在的牽掛，海德格的說法是現實性影響著可能性，簡單的例子是，你的原生家庭影響了你的前途。但有一種現實性對可能性的影響卻是斷絕了所有可能性，這

---

3. 根本上我是從牽掛所顯示的實然往應然的指示去呈現價值在海德格思想裡的起源，牽掛是存有論的概念，這應和關懷為存有者狀態的概念做一分別，雖然前者仍作用在後者內。錢永祥在《動情的理性》（〔臺北：聯經出版有限公司，2014年〕，頁 14-20）中賦予政治生活一種情感，他稱之為關懷苦痛，企圖從啟蒙時代的只重視內在自足的道德哲學，轉化到麥金泰以實然向應然狀態過渡而有的目的性。他似乎欲綜合西方的自由主義與社群主義。我以為關懷雖在存有者層次，但可連結到海德格的牽掛概念，連同要討論的良知、鄂蘭所開展的良知、以及和良知相關的羞恥概念。

就是人的死亡，但目前尚活著的我們如何體驗著這
可能的死亡，並且這個可能的死亡又如何斷絕了其
他的可能性呢？

　　對於死亡的看法，海德格說一般人認為對自己
的死亡無法親自經歷，並以為唯有經歷他人的死亡
而瞭解死亡，才能從這種現實性去影響未來死亡
的可能，但海德格指出這並非從屬於自己的現實
性去往未來影響。他所提出的真正的死亡意義，
是屬於自己的，但活著時候怎麼有屬於自己的死
亡呢？原來這個真正的死亡是「往死亡的存有」
（Sein zum Tode）（SZ, 234）。不論我們經歷他
人的死或以為自己無法經歷自己的死，這種死亡
皆是人在盡頭的死，他所提出的死亡是往盡頭的
死。他區分了「在盡頭的存有」（Zu-Ende-sein）
與「往盡頭的存有」（Sein zum Ende），後者就
表示：只要「此有」是存有的，他即接收了死作
為一個存有的方式。這也表示，人出生的現實性已
蘊含了死亡的可能性，這不是他人的，是「最屬於
自己的（eigenst）」可能性。所以海德格說：「只
要人一出生，他即老得足以死去。」（Sobald ein
Mensch zum Leben kommt, sogleich ist er alt genug

zu sterben.）（SZ, 245）

　　惟這個可能性卻斬斷了現實往未來投射的所有其他的可能性，這是海德格所說「死亡所具的可能性是不為其他可能性所踰越（unüberholbar）」（SZ, 250）的意思。因此，現實性導致對未來的規劃由於我們的死亡而成為泡影。但死亡不是非屆至盡頭，而是往盡頭的事嗎？若之前在現實性中已經往死亡存有，當時為何還要做這徒勞無功的規劃？海德格是否就是鑑於死亡的可能性而找出另一種最大的存有可能性，它可以逾越死亡的可能性，讓我們對於其他未來的規劃仍有可能，而這種規劃已不再基於過去的現實性，卻是從未來的那種最大的可能性所導致而來的？並且類似往死亡存有，這是一種往最大可能的存有，它是我們從出生之後就可以有與應該有的存有方式？這到底是什麼？如何有呢？

　　海德格所說死亡的可能性是「與他人及整個世界不相關（unbezüglich）（SZ, 250），使人如浮萍飄在空中，無所依靠，這樣世界之一旦流滑而去，是構成心生畏懼的原因（WM, 32）。但對死亡畏懼就可產生對於匱乏的自覺，對匱乏於勇氣

的、至少匱乏於無畏無懼的自覺。由之自己產生了
罪責：為何自己仍封閉在被拋擲的沉淪中，即便有
著向未來規劃的可能，但仍抵擋不住往死亡存有所
導致的幻滅與泡沫化？這被海德格稱為最本己的
（eigenstes）罪責存有（SZ, 288），和之前以公共
設定的規範、以結算求得損利的平衡為標準的罪責
是不同的，從而最本己的匱乏處產生出真正良知的
呼喚。

畏懼於死亡所生成的匱乏與罪責感較良知召喚
更為原始，良知召喚是所匱乏尚待充實的本真「此
有」向被拋擲的、畏懼於死亡的「此有」呼喚。如
此被召喚的稱作常人（das Man），召喚他回到本
真的存有。本真的存有可能始終在罪責感中，表示
匱乏的自覺可能始終存在，而召喚也始終進行著
（SZ, 288）。但人在此時已產生了一種「決斷」
（Entschossenheit），它似乎取代了原先的畏懼，
實則人仍以戰戰兢兢之情，以沉默之語，向著罪責
存有籌劃（SZ, 296）。籌劃是對於匱乏的充實，對
於原先罪責感的補償。人在決斷之下，領會到除了
讓其他不可能之死亡為最屬己可能性之外，尚有一
種最大的可能性。這是從在畏懼所由生之虛無感所

逼促出的存有的生成，讓我們的生活重拾起應憑藉的意義。海德格描寫為：在無的無化中本質的本質化迎面而來（WM, 34-35）。這似為理所當然的，但確有從苦難中淬鍊而出之浴火重生的意味。

　　這是對於本真的存有親身體驗的見證（Bezeugung），不是邏輯或科學理論所強調的證成（Begründung; justification）。對於這本真的存有的見證是迂迴的，是經由對之匱乏的自覺，導致被掩蓋的存有向匱乏的我去召喚。並且對這本真的存有的見證是循序漸進的，是從個人存在狀態（existenziell）方面首先對於良知召喚的理解（Aufrufverstehen）—— 這被稱為「願有良知」（Gewissen-haben-wollen）—— 的見證（SZ, 288），過渡到個人本質結構上，也就是存在論（existenzial）方面的見證，決斷乃是就後者的層次來表達的（SZ, 295-296）[4]。相形之下，之前從

---

4. 張偉在《質料先天與人格生成》裡強調謝勒導向普遍有效規範之倫常部分的哲學倫理學並非導源於普遍性，而是導源於絕然的自身明見性，這即是「個體良知」（Individuelles Gewissen）（頁 281-282）。這類似於海德格在願有良知層次的存在狀態的見證，而在決斷層次是存在論的見證。

認識論來看的流俗的良知，人們對它只能有著一種邏輯的或科學的證明。更關鍵的是，願有良知之不被壓制，在於我們能夠鬆開掉常對罪責與無罪責做結算以取得平衡的考量，擺除掉以這種無愧作為訴求的流俗的良知。

　　總而言之，我從願有良知進而做的決斷，是讓原先潛在的、但獲取了實現動力的本真存有得以復原。良知是那幽隱於「此有」中的存有，「此有」中的「良知」取代了主體的「確定性」，良知是存有論層次的當真所引以為據的。良知的召喚是向見證的我顯示我真正所匱乏的，這開啟了「應然」要去充實的意涵。決斷是對於召喚的回應，回應（response）是對於所應然的負責（responsibility）。如果應然的是值得的，是一種價值，那麼這個對於存有的匱乏與復原的見證過程，是對於價值根源的探討[5]。

　　故從海德格對於價值根源的探討中我們瞭解：過去我們被拋擲而來與現在沉淪不能自拔的現實狀態一旦被我們深刻感受，而常激發我們去問「我是誰」的同時，卻可在引起我們從匱乏感中去需求補足什麼的意義形塑中，產生了我應該怎麼樣去

做，以及「我應該是誰」的自我理解。如同耶歐斯
（Ernest Joós）所觀察的，在海德格的《存有與時
間》，實然描述的（descriptive）問題被轉化為應
然指示的（prescriptive）問題 [6]。

---

5. 錢永祥在《動情的理性》〈如何理解儒家的「道德內在
說」〉一章裡，企圖借用泰勒的「生命益品」（life goods）
比之於儒家的仁，他的「構成益品」（constitutive goods）
比之於儒家應該追問的為什麼生命中體現了仁？「它（構成
益品）的作用不只是說明為什麼某一項生命益品能使生命
變得美好，更在於它有力量鼓動、召喚人們的追求」，而
這才是「道德源頭」（moral sources）。錢永祥主要鑑於儒
家對於原先以天為道德源頭與個人的道德實踐間的關係只
限於「知其然」，未能「知其所以然」，除了強調道德源
頭的天「帶來力量」（empowering），帶來敬畏之外，並以
道德實踐是對於道德源頭的「鋪陳與釐清」（articulation）
（頁 298-310）。其實海德格從存有論的良知、對於此有最
大可能的匱乏、願有良知、決斷的論述提供了類似的「帶來
力量」的價值源頭，以及對於價值源頭的「鋪陳與釐清」。
本書後半部要討論的羞恥、敬畏等概念，也可放在這種連接
價值（道德）源頭與價值（道德）實踐的關係來看。至於儒
家是否缺少對此關係的論述，是另個問題。如儒家的不安之
說、羞恥感等似乎也提供了「帶來力量」的價值源頭。

6. Joós, Ernest. *Dialogue with Heidegger on Values: Ethics for
Times of Crisis* (New York: Peter Lang, 1991), p. 182. 該書將良
知之作為一種理解（understanding）視為「此有」在具體處
境中對於他與存有者之間「關係」（relations）的掌握。作
者認為海德格以現象學方法針對良知的議題將「描述的」問
題轉向「指示的」問題，而如何架接此二問題的鴻溝是海德
格討論價值的重點。

第三章
價值是什麼？

　　海德格對於價值根源的探究，是溯源到個別「此有」自覺到其本真性的匱乏而生了罪責感，從而待充實的「此有」對於現階段的「此有」召喚，這種良知之聲讓你我之為個別的「此有」，讓原本的「我是誰」，朝向「我應該是誰」而邁進。我們注意到，往這個本真的「此有」去邁進時，卻要超越一個「與他人及整個世界不相關」的過渡階段，這是在「往死亡存有」的歷程中所展現的。然而，最後本真的「此有」卻要與存有本身有所相關；惟這個所關連到的不是傳統之以實體（substance）來表示的存有，而是與世界及世界之物不可分的、與之呈動態性關係的存有。這個存有乃以存有意義（Sinn; meaning）來瞭解，意義即是對於關係的表示。

　　海德格在《存有與時間》裡處理的主題是將存

有意義以時間來表示，時間展現出存有與世界及世界之物間的動態關係。但我們不要忘記，這裡的時間首先是指「此有」的時間，時間表示存有與世界及世界物間的關係。以海德格的說法是，時間是「此有」對於存有去理解的視域（SZ, 235），而「此有」為「在世存有」，「此有」本身已棲居於世，「此有」與世界的關係被海德格分析出一個「世界現象」（das Phänomen der Welt）的概念：原先以工具與目的關連作為一個整體的工廠而著眼於何所去（Wozu）的世界，要以被揭示出之「此有」的存有可能性為所本（Worin）（SZ, 86）。這個存有可能性即被進一步透過牽掛、死亡、畏懼、良知等議題來揭示，如我們上段落所討論的「此有」的最大可能性。

容我再借用海德格的術語來談：在工具－目的鏈的脈絡（Bewandtnis）構成的世界中，「此有」使用著工具為目的而服務，這個目的是從工具的設計與製作所直接指涉出來的。設計是人的構思，它本為了人的生活方便與舒適起見，但人在使用中往往遺忘了這原初的目的，而將工具所直接指涉的知識性意涵（Bedeutsamkeit）視為目的（SZ, 84）。

例如鎚子是為了釘釘子，而釘釘子是為了把門窗牢固，而門窗牢固是為了防止風雨灌進屋內等等。這樣由工具直接指涉目的之「是為了⋯⋯」德文是um-zu，英文是 in order to（SZ, 69）。

海德格提醒我們，當初設計與製作工具是為了人自身的生活方便與舒適起見，更根本的是，這是因為「此有」的自身之故。「因為⋯⋯之故」德文是 um-willen，英文是 for the sake of。因為「此有」自身之故即是上面所說的因為「此有」的最大可能性之故。鑑於此，海德格將上述「何所去」基於「所本」，轉為「所本」的「此有」成為「所向」（Woraufhin）的說法，並逕指這個「此有」即是「世界現象」（SZ, 86）。這是對於「此有」作為「在世存有」的深刻解讀，「此有」對於世界與世界之物不再是工具與目的的關係，而是讓世界成為「世界現象」──也就是讓世界顯示自身──的可能性條件。這個可能性條件已在世界中，但是它必須在往「此有」最大可能性揭示的路途中讓世界之成為世界。並且世界在世界化（Die Welt weltet）中顯示自身，即是「存有論」層次的世界讓「存有者」層次的世界成為世界。因為「此有」之故，

「世界」與「此有」兩者皆成為有意義的,意義也
將成為價值的內涵。價值是存有作為對象性真理的
呈現,而此呈現顯示存有與存有者、世界世界化的
動態關係,價值即是讓作為此動態關係的存有意義
的呈現。

　　「世界現象」之將「此有」與「世界」相提並
論,這在海德格早期已有類似的談法。如他將自我
世界、周遭世界、與他人的世界合稱為我們生命
的世界,直接稱我們的生命就是我們的世界(GdP,
33, 43)。他也特別表示對於生命或世界去追問其
性質,即是現象學的基本問題,故生命本身即是現
象,他所在的世界也是現象。「世界現象」呈現了
一個以「此有」揭示自己的最大可能性為本源,並
以其與周遭及他人統合的「世界」獲得意義與價值
為指向的場域。

　　對意義與價值建立在關係的強調,也已發生在
弗萊堡早期。當時海德格將我們的在世存有以「處
境」(Situation)來表示,但它不只意味著一個處
所,還意味著人對這個處所的表述,故他說:處境
是「自我的表述」(Ausdruck des Selbst)(GdP,
258)。因為自我與周遭世界及他人世界統合著,

故處境無非是「此有」在世界中與周遭世界與他人
關係的表述。

　　表述在這裡有著深刻的意涵。因為人生存於世
常感不安，這出於人不能滿足於現狀，生命的動機
就在於往這個安定與滿足的趨勢中漸去落實。人的
生命在於自我解釋出意義，因解釋生命是去落實上
述生命趨勢的途徑（PdA, 166-168; GdP, 41-42）。
解釋出意義則是透過表述，生命既是自我與周遭及
他人統合的生命，那麼表述包括與周遭世界及他人
溝通、回應、認識並解釋自己，也包括認識及解釋
周遭世界與他人。

　　表述是對於關係的表述，關係不是指與自己不
相關的對象彼此間的關係，而是自我與周遭世界及
他人的關係，這個關係又不只是認知的，而是和自
己的存在性息息相關的（PdA, 61-63）。存在性涉
及到自己與周遭世界及他人的作為與踐行，踐行表
示能「造作」（ausmachen）自我、周遭與他人的
世界之行為（PdA, 75）。造作表示能產生影響力
的，能介入且改變所屬的世界的，故它不是一種無
興趣的旁觀活動而已。存在性還具有一次性的特
色，這表示即便自我與周遭世界及他人曾有的踐行

關係因記憶而積澱成習性或歷史經驗，但我每次的踐行關係始終是「像首次一樣的」（wie zum ersten Mal）（PdA, 85）。

經過弗萊堡早期思想的說明，「世界現象」一詞就可較明確來理解，這是從「此有」出發，經過和周遭及他人世界的踐行關係並作表述，讓「此有」與「世界」成為二而一的概念，這是所謂存有學差異──存有者與存有既區分又相屬（belong together）──的真正意涵（Joós, 1991: 123）。稍晚海德格有了「世界世界化」的說法。如前所述，這是將世界之存有論的、先驗的可能性條件和存有者的、經驗的世界，在彼此雖區分中但不相分離。我在這裡對於「世界世界化」的闡明，和後面要說的存有論與存有者的公共空間有所關連。另外，晚期涉及存有歷史的本有（Ereignis; appropriation of event）問題即是歷史經驗「像首次一樣的」屬於我擁有的思想之延伸，我與周遭世界與他人統合的生命本身被提升到更高的生命史的層次，這即是存有的歷史。

但這樣基於「此有」的最大可能性的揭示所分析出的價值內涵固然向傳統的、基於觀念性的價值

提出挑戰，但仍有什麼缺失？至此所根據之海德格哲學是否有進一步發展的空間？

我們先將海德格對於價值根源以及對於價值內涵的思想歸納出幾個要點：

1. 價值要從人真正匱乏什麼來看，真正匱乏的是存有論真理、本真的「此有」。所匱乏的「此有」召喚著在匱乏中的「此有」，這是良知對於自覺匱乏而有罪責的「此有」的召喚[1]。

2. 「此有」所匱乏的本真的「此有」特別在對於「往死亡存有」的畏懼中，激發了決斷的作為，以致讓存有在「此有」之內，作為「此有」的最大可能性而開顯。

3. 在對「此有」最大可能性之揭示為訴求的前提下，世界現象一方面以「此有」為本，另一方面在自我與周遭世界及他人的踐行關係

---

1. 謝勒將「人應該如何作為一個善的人格而活？」視為價值的根本問題。在探問的過程中，特別將自身感受的羞感和懊悔作為動力，去回答「人格應當如何去一存在（zu-sein）？」而被形容為「人格救贖（Heil）」的力量。（參考張偉，《質料先天與人格生成》，頁 235-240）這裡亦有著從一種精神性的人格匱乏來看人格生成的問題。

之下，將「此有」之所在世界表述地解釋出來，這是我們原本在不安的狀態下，去落實生命之安定滿足為動機與趨勢的作為。

4.「此有」與世界、自我生命與存有生命、「此有」的生命史與存有歷史之間的關係，是表現在逐漸擴延的「世界現象」的三個層次。如何對它們各自之間的關係從實然的描述轉為應然的指示，是討論價值與意義的核心問題。

5. 我們也從這裡察覺到原先在《存有與時間》匱乏概念的擴延，這是從本真的此有的匱乏，進展到存有的真理（存有生命）的匱乏、此有生命與存有生命史嵌合的匱乏。擴延後的匱乏概念也讓良知的概念先後解讀為來自本真的存有生命或存有生命史的召喚。

這幾個要點具體表現在海德格分析「此有」往死亡存有的問題中，涉及的是人生的意義問題。之後，在他對於科技問題的反省中，是將「此有」與周遭及他人世界置於存有歷史的行程中，科技是否有價值要就其本身是在這個存有歷史的行程中產生，又可回歸於此行程來看。藝術的價值是鑑於其

與作品將自我與周遭及他人生命，進而與存有歷史連結在一起。宗教也必須著眼於上帝與人自己生命的連結，祂不只是我們歌頌與祈禱的對象，而更體現在對「此有」開顯的存有生命裡。

我們有興趣進一步問的是，當海德格針對這三個領域探究其價值時，是否先做「此有」在其中的實然描述，然後鑑於「此有」對於本真「此有」匱乏的察覺，逼促一種對於「此有」應然指示的浮現？而從人的角度去體察存有生命，以及與存有史生命嵌合的匱乏也一樣有著從「實然」到「應然」的指示的存在？

的確，我們在科技問題（FT）裡看到海德格視科技帶來的危險與對於危險帶來的拯救出自同源，它們都源於存有歷史。科技的危險已源於對於存有歷史的人為干擾，若我們能轉而尊重存有歷史，科技就能轉危為安。從危到安的尊重存有歷史表現了從實然中往應然的逼促。

從危逼促安要基於以虔敬的心態去順著存有歷史的行程，這已為海德格指出是藝術的本質所在。他更指出藝術作品的起源（UK）也應從以存有者為起源被逼促地跳躍到以存有為起源。真正藝術作

品的創作不從主體，不從宛如井水中作為存有者的水的贈予，而從無中生有而來。雷同於人畏懼死亡致使世界溜滑而去產生虛無感，但在無的無化中讓存有隨之本質化。今存有的本質化體現在藝術作品中，即是對於藝術家創作的實然描述過渡到對於藝術作品應然的指示。而這裡的無化到本質化是否已有後面要說的「讓出空間」在被逼促中的生成？是否已和後面在鄂蘭那裡要強調的藝術意涵相關連呢？

藝術所起源的從原本傳統的第一開端存有者轉至另一開端的存有，其背後更有海德格所屬意的上帝，但祂已隱退在後（BzP, 20, 411）。詩人即在這裡傾聽上帝與存有的道說，並對於祂們所體現的神聖者命名，進而將其信息傳予一般人們（BzP, 396-397, 401; WMn, 51）。鑑於所衍生的語言有被操弄的可能（WS, 161），海德格說：「在字詞破裂之處無物存有。」（WS, 164）這表示當日常生活中無法找到適當語言時，就要抑制住瑣碎的語言，要靜默以對，以體察隱退在後之上帝的暗示。這樣從實然向應然的語言形態的逼促，同時是對於上帝的回應，是對於上帝與人類的連結之應然的指示。

　　這裡顯示了我們一般所稱的科技、美與神聖的價值，而之前對於存有論真理以及往死亡存有所牽涉的良知議題除了顯示價值的起源，也呈現出所謂真與善的價值，它們也是從實然的描述逼促出應然的指示的。實然描述中出現的匱乏讓存在於世的人感覺不安，自我與周遭及他人世界既是這匱乏或不安的起點，也是謀求滿足的終點所在。基本上基於對於「此有」最大可能性的揭示而讓存有的開顯為指向，惟存有的開顯要透過「此有」與世界的關係。「此有」對於死亡、科技、藝術、上帝等的關係形成了意義或價值，它們的終極處即被我們一般分別稱為真、善、美、聖等等。

　　海德格已將價值著眼於人與世界的關係，而非疏離於世界的純粹觀念而已，但他對於人與世界關係的探討是否周全呢？由之所開展出的價值內涵是否也有所不足？其學生鄂蘭的根本貢獻即是對於人與世界的關係往前推展了一步，從而真、善、美、聖與科技的價值有了新的面貌。這個新的人與世界的關係演變為公共事務，所謂的「政治現象」必須成為真、善、美、聖與科技的根基。相對照的是，公共事務成了海德格本人的致命傷，以至於他所開

展的價值內涵疏離了公共事務。反之，鄂蘭對於政
治思想提出的貢獻，正引起了我們對於良知、科
技、藝術、宗教等價值的重新審思。

第四章

海德格論價值的可能缺失

　　海德格對於公共事務的疏離，常為學者所詬病。「他我」對於海德格不只是以人云亦云、好奇、模稜兩可來表徵的常人（das Man），也可為較本真的他我概念。這顯示在海德格早期提出的與自我生命及周遭世界統合的他人世界，以及《存有與時間》裡指出的先行於「此有」的「共同此有」（Mit-dasein）。海德格之認可他我為何仍對於公共事務疏離呢？我先歸之於他所強調的解釋自我生命。這裡我用「生命」而非「生活」來翻譯德文的 Leben，這可追溯希臘字的 zoé 而非 bíos。同樣的，他之後所用的「事實性生命經驗」（faktische Lebenserfahrung）、「此有」的概念皆是在生命的層次而非生活來瞭解。

　　我在這裡就先連接到他的學生鄂蘭在《人的境況》（*The Human Condition*）中的明確劃分：在

勞動（labor）的階段，當人日出而作、日落而息，
隨著大自然的新陳代謝生活時，他所呈現的是跟
著自然的生命而有著自己的生命。在製作或工作
（work）的階段，雖然人已脫離了跟著大自然生態
的循環，但在工業革命的幾個階段，人受到機器運
作的控制，卻受到另個自然循環的支配，而彷彿是
另一種勞動生活，故他仍過著非真正的生活，而是
跟著自然的生命在走，雖然我們可以說這不再是一
種有機體的生命。在行動（action）的階段，當人進
入了公共事務領域中，他才開始過著 bíos，特別是
bíos politikos，所謂的政治生活。在《人的境況》這
三個階段呼應著亞里斯多德三分的理論（theoria）、
製作（poiesis）、實踐（praxis）。不可諱言的，鄂
蘭重視的是 praxis 的生活，與之對照，海德格重視
的是以大自然（phusis）為指標的「理論」生活，因
他曾說在希臘哲學 phusis 即是存有（EM, 17），也
將製造的最高意義視為 phusis（FT, 11）。另外，不
論是科技或藝術，皆被海德格提升到存有的揭示，
或是歸於存有生命的行程來顯示其意義。即使海德
格在其著作直接對於群體的事務有所主張，自己也
糾纏於德國國家社會主義（Nazism）的紛擾中，但

他對於公共事務的論述卻是不盡完善的。

海德格早期涉及到自我與他人等統合的群體，包括具體呈現在〈宗教現象學導論〉（Einleitung in die Phänomenologie der Religion）裡保羅與一些信眾的共在（EPR, 93-95）；《存有與時間》裡提出先於「此有」的「共同此有」、從自我的命運（Schicksal）擴延到共同體或民族的命運（Geschick），以及由之形成的歷史性（Geschichtlichkeit）（SZ, 384-385）；在 1933 年佛萊堡大學就職校長演講〈德國大學的自我主張〉（Die Selbstbehauptung der deutschen Universität）惕勉師生「知識是〔……〕對整個人民與國家的存有最內在的決定中心」；在他請辭校長職後於 1936-1938 年《哲學論稿》（*Beiträge der Philosophie*; *Contributions to Philosophy*）裡對於「我們是誰？」的提問從哲學的「自我思義」（Selbstbesinnung），並朝向去理解存有是什麼來尋求解答[1]；在 1935 年

---

1. 在這裡海德格已明確表示，當時的馬克思主義、布爾什維主義、猶太主義皆源於群眾、工業、科技、枯萎的基督教，而更起源於主宰一切的理性（BdP, 54），故政治與公共事務的問題要由哲學來回答，對於民族的本質的問題也要從「此有」來談論（BdP, 310）。

的《形上學導論》（*Einführung in die Metaphysik*）裡，將政治一詞的字源 pólis，透過對於安提岡妮（Antigone）合唱詩的翻譯解讀為「場所」，而和「此有」相提並論[2]。故海德格對於公共事務直接從其哲學來論述，也因為如此，所以他對於現實政治陌生，面對世俗的權力表現笨拙，而致己身一度陷於納粹事件的渾水中[3]。

當海德格從校長職務抽身而出時有個大轉折，即是他對於公共事務愈發以嵌合於存有的命運來論述。鑑於此，我們可以從另個觀點來看海德格已將價值著眼於人與世界間的關係，但仍顯示出有所不足的面向。

他從實然的描述逼促出應然的指示來看價值的來源，其中感情扮演了重要的角色，有牽掛、畏

---

2. 在此海德格說：「pólis 一般翻譯為城市或城邦，這並不把握到整個意義。pólis 更意味著『場所』，它是歷史的此－有場所之處，它也作為歷史的此－有。pólis 是歷史的場所，在這裡、從這裡，以及為了這裡歷史發生著。」（EM, 161）

3. 在此張鼎國在〈誰是我們？／我們是誰？對海德格納粹時期「政治」探問的回顧〉（收錄於汪文聖、洪世謙主編，《詮釋與實踐》〔臺北：政大出版社，2011 年〕，頁 449-474）一文中有詳盡的發抒，並陳述高達美將海德格的納粹事件歸因為對於現實政治處置的笨拙（460）。

懼、罪責、虛無感等等，這也逼促出了決斷。他從
人與世界的關係中具體地討論意義與價值，關連到
他批評傳統形上學探討的存有過於實體化，而與存
有者毫無差別，故對於存有與存有者間的差異做了
強調。然而，由於存有並不與存有者分離，存有毋
寧直接作用在變動世界中的存有者上面，從而人也
得以藉存有者去體會到存有的開顯，故存有與存有
者實處於彼此共屬的關係中。但海德格過多著墨於
存有的開顯一面，由之主要論述了基本情韻，而較
少處理存有者另一面之多元與差異的情感問題。例
如人與人之間的同理心（Einfühlung）要溯本於人
與人彼此先有的共在（Mit-sein）（SZ, 125），人
與人之間的愛也以牽掛為前提（ZS, 286）。這歸
咎於他畢竟以哲學家的立場來看世間情事，這也表
現在對公共事務的看法方面。

　　前面我們的討論在由「我是誰」的事實性問題
開展出「我應該是誰」的價值問題。這個屬己的問
題被海德格引申到社群的「我們是誰」與「我們應
該是誰」的價值問題，它們之間的聯繫點也出於
「決斷」，這是群體的決斷。但這樣開啟之公共領
域的價值向度是有危險的。校長就職的演說就是在

這種價值向度的要求下形成的。

　　他在演說中提到了悲劇的議題，這是藉著希臘神話中和智慧女神雅典娜一起創造人類的普羅米修斯（Prometheus）故事引發出來的，普羅米修斯教導人類許多知識技能，且為了解除人類生活困苦，向阿波羅盜取火種，但被宙斯發現而命令山神將他以鏈條束縛在高加索山脈的一塊岩石上，並讓兀鷹日以繼夜的啄食他的肝臟，幸而最後被海克力士（Hercules）救出。普羅米修斯歷經數萬年的痛苦，但始終堅定能創造出人類來，不只是賦予人類軀體，更能賦予人類知識的心靈。

　　鑑於此，海德格一方面承認普羅米修斯是歷史上第一位哲學家，但另一方面引用普羅米修斯的一句話：「然而知識遠遠不比必然性有權力。」（RA, 110）似乎在突顯普羅米修斯受命運之苦的煎熬之情。如果這是海德格自己的寫照，那麼他一方面身處國家社會主義政權的命運中，另一方面依舊認為「知識是〔……〕對整個人民與國家的存有最內在的決定中心。」（RA, 111）故在就職演講中他仍主張大學的教師與學生必須致力於知識，去對抗命運的力量，而非在命運之前只留下無力之浩

嘆，即便對抗造成令人遺憾之悲劇也不反悔。若按照希臘傳統以來「技藝」（techne）是針對「運氣」（tuche）而來的說法，那麼海德格在此時的立場是：技藝能克服不好的運氣，除此以外別無他法。

　　從個人的「我是誰」繼而「我應該是誰」，延伸到「我們是誰」轉為「我們應該是誰」，是本著對於存有開顯之匱乏感所逼促而發展出來的，前面所描繪的「決斷」在這裡扮演著重要的角色。雖然運氣的問題已被海德格察覺到，這個在亞里斯多德屬於外在之善範圍的運氣，是不為人的理性所掌控的外在事物所營造而成的，它們往往透過物理與生理的因果性，以慾望、感覺、情感，甚至悲劇的激情方式刺激、誘惑、鼓動或是阻斷我們的行為，這些是屬於存有者方面具備多元與差異性的情感問題（Nussbaum, 2007: 7-8）。海德格似乎大而化之的，其早先固然有將運氣歸於整個存有命運的跡象，但藉著對於存有開顯之匱乏感所帶出的決斷，企圖對於存有者方面的運氣去超越，從而導致他早先在政治上的危險作為。但晚期似乎又是大而化之的，所發展出泰然任之（Gelassenheit）的心態是

人的自我對於存有開顯之匱乏感抱持著有與非有的態度，這是希臘羅馬時期一位徹底的懷疑學家皮容（Pyrron; 360-270BC）的立場（Held, 1980: 90-91）。海德格主張人不要從自己的立場去表態如何面對現實事件，而要訴諸於整個存有的命運來轉化，存有的生命本身按著自身匱乏與填補的機制而運轉，匱乏成為人未能迎合存有本身的走向或趨勢（constellation）的感受。惟海德格自己從政治生涯隱退了，不再過問世事了，而提不出積極應對現實的方案。

如果我們仍以技藝一詞來表示人對於外在運氣所持有的作為，那麼此時的技藝是順著運氣，惟這個本為理性所不能掌控的、具多元與差異性的存有者所營造出的外在的善或惡，更被提升與歸附在更高的存有命運層次。但如果要對於現實有較積極的應對，約瑟夫・鄧恩（Joseph Dunne）說得好：「技藝和運氣的辯證關係，遠較於我們認為技藝與運氣處於一簡單的兩極關係更為複雜。」（Dunne, 2001: 255）而「在它們（案：指技藝）那裡之所以成功，並非基於我們將眼光固定在強加於質料之上的前掌握的形式，而在於對質料本身的內力論做一

種彈性的反應。」（Dunne, 2001: 256）這裡的重
點是，對於外在突如其來的事件，甚至任何一樁現
實的事件，我們都不宜固著於以預先設定好的一套
方法，類似於一般常說的 SOP 去處理。相反的，
我們要注意事件內容所可能造成的影響力，不論是
好的還是壞的，然後對它們做彈性的處理。我們認
為不論原先或後來，海德格的做法皆失之於粗糙，
不能直接面對世上多元與差異的問題挑戰。這裡的
根本問題即是，他所重視的人之在世存有，仍以較
著眼於形式的哲學家，卻未以處於物質性情況的多
數人的立場來理解。而在重視後者的立場下，我們
才可能對於事件內容做彈性的處理，從而能真正地
重視公共事務，以至於能顧及世界裡林林總總的價
值。

　　這就轉移到鄂蘭為什麼重視 praxis 的生活，
而非 phusis 的生命之問題去。我在前面說，鄂蘭
重視的是 bíos 而非 zoé。彭麗君對此也有深論：
她將二者分別關連到鄂蘭的「政治生活」（bíos
politikos）與傅柯（Michael Foucault）的「生命政
治」（biopolitics）；鄂蘭因此以個人為政治主體
——私人的 zoé 要進入公共的 bíos，但私人「不是

一個不經修飾的天然自我，而是一個背負了權利和義務的人，這個人由法律所創造，於法庭現身」，而傅柯則以國家與社會機構為政治主體——「透過生命政治〔或生命權力〕去育成其管治」（彭麗君，2020：276, 281-283）。由此來看，海德格亦傾向於重視生命政治的立場。彭麗君借此觀察到香港與世界各地的佔領運動是對於鄂蘭所指的政治生活的體現，以對抗傅柯（以及中國大陸政府）所著眼的生命政治。她強調公民抗命是「新生之舉」（an act of natality），是來自生命的力量，而私人的生命是保有差異與多元的（284）。我認為，如果說佔領運動是政治生活的體現，那麼這個體現過程是對於私領域，乃至於後面要說的作為中介的社會，其中反映出問題的生命情感有所體察與同理，以及體現了從私領域到公領域發展所需的羞恥與敬畏情感。

鄂蘭的羞恥概念是公共性的，不是屬於哲學家自己的事，這是焦點從小眾到多數人的轉移。舉例言，她雖然自認受到康德實踐哲學的啟發，但對康德也從哲學家的立場來看世間問題有所保留。鄂蘭不只從哲學家的小眾，更從多數人來看問題

的立場，顯示在她的《精神生活》（*Das Leben des Geistes*; *the Life of the Mind*）裡對於傳統的良知的討論。我們前面談及海德格的價值起源時，即以良知的呼喚為重點。良知固然在早晚期可有不同的解讀，但不失為海德格對於善的價值的根本了解。其後論及美聖與科技的價值時，其實是以這個善的意義為根源的。今鄂蘭的立場是，包括海德格的傳統的良知概念皆以哲學家為出發點，若要顧及大眾，那麼良知連同善的意義就要有番變更，從而關係到科技、藝術、宗教的美、聖等價值豈不也有番革命性的論述？若我們姑且先將顧及大眾的立場理解為顧及公共空間，那麼對鄂蘭而言，公共空間就成了一切價值的根基。這個具體意義為何？我們又如何將之運用在對於我們社會的省思呢？

第二篇

從鄂蘭公共空間
作為價值基礎
對於臺灣政治價值的省思

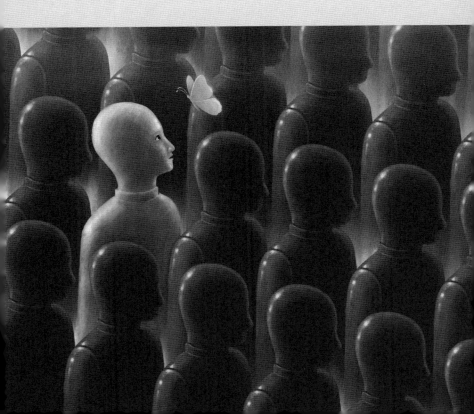

第五章
鄂蘭對於傳統良知的擴展

　　鄂蘭對於公共性良知的建立始於對於傳統良知的批判，傳統良知始於蘇格拉底的自我對話。鄂蘭從柏拉圖《高爾吉亞斯》（*Gorgias*）對話錄拿出蘇格拉底信守的兩個命題來討論：「寧願做一個受害者，也不要做一個加害者。」與「寧願眾人可能不同意我，也不願意身為同一的我，失去了與自己的和諧或和自己起衝突。」（LM/I, 181）後面這個命題是作為傳統良知的前身，一個同一的我是在自我對話中的兩個我彼此認同，彼此和諧而成立。蘇格拉底從市集與人交談回到家與自己獨處，他能信守第二個命題，因他秉持著知德行善的理念。鄂蘭說得好，一位做惡的人不願意獨處，因他時時會面對另一個與他對話的自我提出控訴，向自己譴責，這個來自另一個我的對話即是良知（LM/I, 188-190）。在第一個命題中蘇格拉底不願意作惡，即歸

因於良知的自我譴責，故第一個命題要以第二個命題為前提（RJ, 77-78）。

這個傳統良知在基督宗教時成為上帝的聲音，在康德的實踐哲學透過了定言令式（Kategorische Imperative）來表示。我舉三個定言令式中的第一個為例：「你必須要能夠將我們的行為格律（Maxime）成為普世的法則（Gesetz）。」（GMS, 46/424）鄂蘭之所以認定這源於蘇格拉底的良知，因為這個以「必須」起頭的句子後面省略了「否則將受到自我譴責」的句子，因此這個定言令式也建立在良知的基礎上。

這個「否則」句加在康德的定言令式裡，是對於本是直接應然指示的道德判斷，賦予了從實然情境出來的逼促力量。但康德只就前者鑑於對於道德律的敬重而賦予了實踐的動力，這樣讓「判斷原則」同時成為「踐履原則」的力道似仍有所不足。雖然學者如李明輝從對於義務履行的信念來賦予康德從應當轉向能夠，或從應然轉為實然的可能性，但相對於王陽明的知行合一，卻仍承認，康德的倫理學系統不足以支持從應當轉向能夠的道德洞見，原因是道德主體缺乏道德實現的力量。然而，在討

論王陽明的學說中，學者多從孟子的良知即良能來立說，將知與行的關連歸為知與能的關係，而先是將知視為心的本體，以至於心自然會知，再將知本身視為已蘊含行動的力量，故而能落實；這樣的論述仍是從應然轉化為實然的。顯然王陽明良知說中行動的力量如何能超越康德那裡的，行如何與知合一，即成為諸多學者議論的重心[1]。

我在這裡提出的問題是，這種對於康德的定言令式所進一步要求的，以及對於王陽明的良知說所肯認已蘊含的能力，如同孟子（〈盡心上〉16）所云「舜之居深山之中〔……〕及其聞一善言，見一善行，若決江河，沛然莫之能禦也」的力量，究竟是從應然轉為實然，或是可以從鄂蘭所加的「否

---

1. 如賴柯助〈王陽明良知內在論的建構定位：以「知行合一」說為核心〉（《國立政治大學哲學學報》第 44 期〔2020年〕，頁 1-66）對於之前學者的討論做了很好的整理。李明輝〈從康德的實踐哲學論王陽明的「知行合一」說〉（收錄於《儒家與康德》（增訂版），2018 年 11 月，臺北：聯經出版有限公司，頁 199-231），以及林月惠〈陽明與陽明後學的良知概念 —— 從耿寧《論王陽明良知概念的演變及其雙義性》談起〉（《哲學分析》，第 5 卷第 4 期〔2014 年〕，頁 3-22），以及相關的耿寧〈論王陽明良知概念的演變及其雙義性〉（《鵝湖學誌》，第 15 期〔1995 年〕，頁 71-92）等等。

則」來思考，進而反過來形成從實然逼促成應然的狀態？「否則」讓我們形成了罪責感，也就是之前說的匱乏感。如果這是從實然逼促成應然的關鍵，在孟子與王陽明的良知說裡也可加上「否則」來思考嗎？裡面也蘊含匱乏的意義嗎？

我以為關鍵點在於學者們強調了「知行的本體」之意義：「就如稱某人知孝、某人知弟，必是某人已曾行孝行弟，方可稱他知孝知弟〔……〕又如知痛必已自痛了方知痛；知寒，必已自寒了；知饑，必已自饑了。知行如何分得開？此便是知行的本體。」但這個「本體」意義為何？其實賴柯助所指出「牟宗三定位儒家心學之『心』是『即存有即活動』」（賴柯助，2019: 49）倒是點出了核心的意義。因為「本體」和我之前就海德格的「存有論」是一樣的意思，它不只是在認識論之前的，也是在知情意三分之前的，故在這裡實不宜說意志性應然的概念。康德的定言令式已從存有論層次抽離出主體意志的一面，這未嘗不是基於主體的自我決定性與自我確定性的要求之故。王陽明的「知」更應從海德格的存有論層次來理解，在大自然湧現的狀態之下，才有「沛然莫之能禦也」的行動。惟這

裡是否有海德格所強調的存有論的良知所出自的某某的匱乏呢？

如果海德格的「存有的最大可能性」作為關鍵詞，是現實的我們所匱乏的，以至於我們被良知呼喚去充實它，那麼它體現在基督宗教的上帝、本真的此有、存有生命與存有生命史對我們的呼喚，包括自我的對話。我們記得海德格從生命因不安而透過自我理解表述求得自我滿足出發，預告了爾後的良知問題。王陽明對於孝與弟的知與行固然不從匱乏某某談起，但學者所引以為本的孟子有所謂「人皆有不忍人之心」、「今人乍見孺子將入於井，皆有怵惕惻隱之心」等等語句，豈不表示因為某某匱乏的或即將匱乏的引發了動機，而做出了去充實匱乏的作為？從某個角度而言，這是若不去做，否則讓我不忍或有所恐懼，所謂的惻隱之心也不只是同情的意思，更表示因為有所匱乏而心生不忍。

我花了點篇幅試著將鄂蘭所揭示的傳統良知連結到匱乏的概念，並與之對照去檢視王陽明的良知是否也可如此思考，答案應是肯定的。在鄂蘭對於傳統的良知加以擴展之後，我們還是可以再回到它是否仍連結到匱乏的問題上。或許王陽明的良知更

可從鄂蘭所擴展的良知，且可從相關連的匱乏概念
來解釋其義。

對鄂蘭而言，傳統良知之所以是從哲學家的觀
點來看，因為它是少數人具有之善的能力，就像
只有少數人寧願做受害者而不做加害者一樣。柏
拉圖的《泰阿泰德》（Theaetetus）對話錄，記載
了米勒都（Miletus）的泰利斯（Thales）觀看星辰
而落入水井，被色雷斯的侍女們嘲笑的故事，柏
拉圖表示眼光放在腳前的人，只憑知覺去判斷事
情，是無法建立真正知識的，而往遠看的哲學家難
免要受到廣大群眾的譏笑（173e-174d）。泰利斯
之後的赫拉克利特（Heraclitus）也曾激烈地抨擊
「多數人」，因為他們侷限於各自的「我覺得」
（dokeî moi）的觀點下的意見（doxa），而阻礙了
對於總體（ta pánta）的視野。總體在一個統一的
「秩序」之下，使我們察覺到處於同一個世界或宇
宙（kósmos）之內（黑爾德，2004: 16-17）。能對
原先「我覺得」的觀點批判後再接受與這個總體的
關係，是屬於少數人的能力。少數人甚或單一性
（singularity）與多數性（plurality）間的二元對立
反映著哲學家與廣大群眾之間的二元對立。

　　前面蘇格拉底的兩個命題預設著「（我們）愛
著智慧並從事著哲學活動。」（LM/I, 182）但是愛
智慧的怎麼可能是多數人呢？同樣的，多數人怎麼
可能始終與自己不衝突呢？當時與蘇格拉底對話，
代表多數人的卡里克利斯（Callicles）就提出這樣
的質疑，他並對於蘇格拉底這位哲學家譏諷著說：
「如果他能和哲學說再見，則是對於他以及其他人
再好不過了。」（LM/I, 181）

　　對照傳統的良知建立在人與自己的對話，也就
是自省能力，公共性的良知就建立在社群的監督之
下。我採用的「監督」一詞，並非只求於硬性的賞
罰之法律，就像鄂蘭指出在柏拉圖也出現以賞罰來
謀取社群或城邦的和諧的論點一樣（LM/I, 180），
而所更求於軟性的監督指的是來自社群的發聲。這
個發聲的說法有幾層深義：

　　第一，因為人一直看不到自己是「誰」，
這個「誰」只有在我對面的人才看得到（HC,
179-180）。進而向他人顯現出來的我才是實在的
（real），具公共性的我才有實在性。這就激化鄂
蘭以現象比本質更具優位，本質反而為現象服務
的見解（LM/I, 27-28）。故作為無形的公共空間之

行動與言說就是讓人是「誰」顯現的方式，而他人
或後人對某人言說並形成故事，就更能顯示某人是
「誰」。因而人格（person）是在不同的世界舞台
上扮演不同角色時所戴的「經由（張口）傳聲」
（per-sona）的「面具」（RJ, 12）。戴著面具傳聲
的言說與身體行動一起構成了人格，它之所以較近
代以來強調的主體自我更具實在性，因為人格扮演
著賦予人在地球上深具意義的角色，而意義表示能
促進人類在地球上的不朽性[2]。異於我們常就主體
來探問本質或人性是什麼，我個人人格的角色扮演
是在與他人共同的舞台上，不時有著以行動與言說
和他人合演的情節。我的個人角色發聲是著眼於
整個情節，它一方面必須透過公共性的活動而張
口，另一方面也可能代表一起演戲的眾人的聲音。
而一起演的戲碼當然以人與人彼此和諧一致、安定

---

2. 在將儒家納入社群主義與個人主義的討論中，余英時與張灝
都提出儒家裡的人格主義（personalism），有別於西方的個
人主義，因為與社會性有不可分的關係。鄂蘭的人格概念與
這個看法可做比較，我將鄂蘭的良知概念包含個人與和他人
關係的反思，可將他們的看法再往這個層次去發展。李明輝
在〈陽明學與民主政治〉（收錄於《儒家視野下的政治思
想》，〔臺北：臺灣大學出版社，2005 年〕，頁 17-32）即
對儒學這種看法有所發揮（頁 29-32）。

幸福，從而人類於地球上能不朽為訴求。這個訴求
向我之為人格的呼喚就是鄂蘭所擴展傳統意義的良
知，由之善的價值從這裡浮現出來。但鄂蘭承認在
面具之後有個同一的自我（self），這個屬私密的，
尚未公開的自我對於鄂蘭而言是不實在的，它的實
在性需從自我轉變成人格後而獲得。傳統的良知也
是非實在的，鄂蘭所擴展的良知即具實在性。當前
者被實在化成為後者時，原先只訴求於自我一致的
呼喚轉變為訴求於自己且與他人和諧一致的呼喚。

　　彭麗君不從良知的角度來看面具的佩戴，而直
接指出從私人的 zoé 進入公共的 bíos 即是戴上了
面具。她說：「從社會及主體互聯的角度看，面具
可以被視為一種虛偽。但在法律及政治領域，面具
可以阻止私人進入公共，是使人人平等的關鍵。」
（彭麗君，2020：281）但她又說人們可以按照意
願將面具放下和戴上（282）。這表示她仍賦予私
領域的地位，特別是具有個別與差異的生命的、情
感的部分，而這些是政治生活獲得新生之舉、佔領
運動與公民抗命合理化的根據。但她以為這種力道
不能控制整個政治，bíos 和 zoé 必須互相形構，政
治生活最後仍要訴諸法律。這裡顯示了我接著要談

的無形的公共空間作為有形的公共空間前提的問題，並且點出公共領域並不與私領域切割，而為相互形構的。但卸下面具的運動人士和戴著面具的守法者與執法者如何可能「相互形構」，而非只是從個人的私有到公共生活過渡時兩者之間的形構關係呢？這裡還要以羞恥與敬畏的情感，以及「讓出空間」作為「相互形構」的先決條件。

羞恥的議題要回到良知的問題來看，鄂蘭在《精神生活》裡即針對此問題提到蘇格拉底。其實她並不像卡里克利斯一樣片面地看待蘇格拉底，卻視蘇格拉底一方面是離開世界以自我對話而孤獨（solitary）的思維者（thinker），另一方面是在世的行動者（actor），因他常像風一般地顯現於不與自己對話而孤單的（lonely）人群之中。蘇格拉底其實是位非典型的哲學家，他的自我只是暫時離開世界的（LM/I, 173-174, 185-187）。鄂蘭因此要求一種具存在性的（existential）自我，要求思維要指涉到現實事物，包括指涉到他者（LM/I, 4）。當她更以雅斯培（Karl Jaspers）的「邊緣處境」（boundary situations）概念說明思維常在危難發生時會關涉到政治性問題（LM/I, 192），也在賦予哲

學思維的實在性。對於自我、良知、思維實在化，即是對於它們因此可促進人類在地球上之不朽而做的意義化。

第二，鄂蘭自己說過，她為什麼要寫作，因為思考是剎那間的活動，隨著時間容易遺忘，所以書寫是在保留思考（GmG）。雖然思考在成為有形的文字時，少了原本鮮活的、時或與永恆接壤的光輝。但有形的公共空間是顯現作者，同時顯現作者與他人過去已經與未來可能共構的聲音，這指的是學術在公共領域的發展。鄂蘭以蘇格拉底為例指出，他雖沒有立言著書，卻藉著後人記載的故事，活生生的顯示出他是「誰」而非只是「什麼」（HC, 186）。但彼此敘說故事，以致彼此以「誰」在顯現，只是說出敘事的重要性一面而已，敘事更常在描述中逼促出對於應然的「誰」的指示。這層意義顯見於我們常講給子女聽的童話故事，被呂格爾（Paul Ricœur）視為敘事的希臘悲劇，以及對心理創傷療癒的敘事等等。鄂蘭與呂格爾引用的伊薩狄內森（Isak Dinesen）這句話：「所有的悲傷可被承受，如果你將它們放到一個故事裡或講述一個關於它們的故事。」（HC, 175; Ricœur, 2004:

361）告訴我們，實然地講述故事產生應然的「指示」意義，並且可激發應然的行動力。

我們回到上面蘇格拉底與康德的命題，它們可說是實踐的判斷句，判斷句是對於良知的回應，鄂蘭更訴求於判斷以敘事的形式來回應她所擴展的良知。從顯現「誰」的實然，逼促出「誰」的應然，以及讓「誰」產生行動力的言說，才是真正的實踐判斷[3]。而這裡的「誰」不只是我的，更是我們的。鄂蘭說過：要考慮「我們已經和其他人一起做的事情是什麼」，以及「每個特殊的行動如何適應在我們生活的整個脈絡中」（RJ, 129）[4]。但這只

3. 德意徹（Max Deutscher）與克莉絲蒂娃（Julia Kristeva）對這種判斷皆有所強調，Max Deutscher（*Judgment After Arendt* [Hampshire/Burlington: Ashgate, 2007], p. 125）表以參與者不脫離世界之需求而必須做的判斷，Kristeva, Julia（*Hannah Arendt. Life is a Narrative* [Toronto/Buffalo/London: University of Toronto Press, 2001], p. 77-78）則以之為建立在反思判斷或鑑賞判斷之上的直接可溝通的判斷。

4. 長期以來對於康德認為人絕對不可撒謊，即便說實話會讓友人陷於追殺人手中所引發的爭論（GMS, 21/403; 李明輝，2005: 121-123, 2016），似可從鄂蘭這種新的實踐判斷來評估：不應撒謊的先天而普遍的法則實呼應了人的本質或人性根源於人要和自己和諧一致，但在本質優於現象的傳統見解被顛覆之下，那麼人要與自己保持一致反而要以與他人和諧一致為前提。

是實踐判斷的一面而已，更重要的是，如何讓我們從實然的故事描述逼促出應然的、促進我們和諧一致的作為。因為屬於「誰」的行動力出自於實然處境的情感，而故事能讓讀者和此情感共鳴，以致也產生行動力。情感這個層面鄂蘭延續著海德格而開展，我從良知概念進入到情感的議題。我們如何繼續瞭解鄂蘭對於這擴展後的良知所涉及的情感呢？

　　針對這個良知或許我們可做這樣總結：我要致力於與他人，以及他人與他人之間的和諧一致，否則我不只受到自己的譴責，也受到他人的譴責。我暫將這個譴責一詞和以後要談的在公共領域裡受到的榮辱放在一旁，現在至少可說，前面提出的匱乏 —— 這裡指的是我與他人、他人與他人和諧一致的匱乏 —— 要求我去對之回應並謀求充實，這個要求是鄂蘭所擴展的良知，而我以行動及言說在世界舞台上對之回應。故從這裡來看，王陽明的良知所出自的不忍人之心或惻隱之心，倒也有對於我與他人、他人與他人、甚至整個世界、宇宙不能和諧一致，致而從匱乏的要求到實踐判斷的回應，並推動出行為的意涵。

第六章
公共空間作為價值的基礎

　　進言之，與他人的和諧一致是建立在公共空間的基礎上。公共空間是對於海德格已重視的在世存有的世界意義的擴展。嚴格來說，世界在海德格那裡仍未擺除先天性的陰影，即使存有本質化或世界世界化的說法企圖將先天性在經驗裡落實，甚至消除二者的分離性，但世界意義並未徹底地從下往上來構成，而這樣的構成方向應是鄂蘭極力想主張並論述的。

　　對鄂蘭而言世界有兩個層次，第一個就像海德格先以世界是工具與目的鏈構成的意涵脈絡，如一座工廠一樣。人隨著大自然新陳代謝且自身也限於可朽性的勞動境況，但人畢竟異於其他動物而謀求超越可朽性地生存。要被超越的是自然物質的自然消耗性、自然的腐朽性、人類隨著大自然新陳代謝的存活性。人類想要脫離這種存活性，就將對抗自

然物質的理念落實在對於物質質料去賦予形式而加工，讓具自然消耗性之物轉為人對它的使用之物。使用之物的持存性在於滿足人對於穩定生活的需求，使用之物就逐漸構成世界。但由於工業自動化的結果，工匠人（homo faber）一方面不能成為理念與形式的賦予者，反而形成像勞動者一樣地只被自然的理念或目的所決定，另一方面工匠人只侷限在輸送帶的操作中生產零件，其本身被制約在彷彿為自然的循環中，故工作成了變相的勞動。這樣所構成的世界呼應了海德格所描述的工廠。這是我歸為第一層次的世界（HC, 144-152）。

對這個工業化或科技化所形塑的世界，海德格在《存有與時間》注入了以「此有」或存有為所本或所向的、「此有」置身所在的本真之世界意涵。在關於科技問題裡，海德格將工廠意義的世界納入於存有歷史的行程中，從而予以消化與轉化。鄂蘭有著不同的處理方式，她將世界賦予了公共空間的意涵。她的論述根源依舊是回到「我是誰」的問題，關注在擺除匿名性、超越人們無名地埋沒在輸送帶的處境。鄂蘭重視人的特殊性（distinctness）與新生性（natality），每個人不只是獨一無二的，

且不同的誕生也使得世界每每呈現獨一無二的新
鮮事物，故每個人皆是世界的新開端（initium）
（HC, 9; LM/II, 108-110）。但人與人之間仍具有
同等性（equality），以至於可以互相交流（HC,
175）。屬於無形公共空間的行動與言說必須輔以
如同工作層次的、屬於有形公共空間的語言文字來
保存與傳達，故事就是其中之一（HC, 193）。更
鑑於鄂蘭將「我是誰」與「我們是誰」彼此關涉，
這樣由人際關係組成的網絡所締結的公共空間就是
第二層次的世界（HC, 181）。如此由個人的行動
與言說所建立的世界就是從下而上所構成的，它賦
予了自我、良知、思維的實在性與意義。

　　在海德格那裡我們就科技、藝術與宗教來看基
於真與善所具有的價值。今在鄂蘭以公共空間的意
涵來瞭解世界，以及以擴展傳統意義的良知作為善
的價值之後，其他的價值如何在這樣的基礎之上來
建立？

　　我再補充一下立基於公共空間的善是什麼？除
了擴展後的良知如上所示以外，鄂蘭尚針對人與人
之間已過去不可逆的加害與受害問題，提出除了互
惠的悔改與寬恕之外，敘事扮演消弭苦痛更積極的

角色（HC, 184-188, 236-243）；針對未來不可預期之衝突或和諧問題，提出彼此信守承諾，進而締結契約、訂立法律的行動（HC, 243-247）。寬恕與承諾固然是對於鄂蘭所訴求的良知的回應，其背後或許以愛作為動力，但是愛卻不能作為在公共領域裡推展寬恕的理由。更仔細言，這裡的愛指的是聖愛（agape）、情愛（eros），它們僅能放在私領域；反之，若讓它們進入世界成為實在的，卻會被摧殘殆盡。但孩子作為愛的產物，卻能夠讓愛人重新回到世界中。孩子也是個中介，父母藉著孩子從如膠似漆的融合轉變為和而不同的連結。這裡已蘊含了世代之間共存的彼此尊重問題，尊重或所關連的亞里斯多德談的友愛（philia），才是對於人與人之間和諧一致訴求的良知做回應的動力，以及在公共領域中推展寬恕等的依據（HC, 242-243）。故基於公共空間的善要視友愛、尊重為重要的內涵。尊重以及所關連的羞恥、畏怯、敬畏等是我從鄂蘭擴展式之良知所進入的情感的概念，下面就要對這些情感做發揮。

以建立在公共空間的善檢驗科技的價值時，值得注意的是對於幾次工業革命後的科技環境如何應

對：不論是機器自動化造成工匠人處於宛如第二次的勞動境況，致使他們又墜入彷彿大自然的循環中，或是人因侷限在輸送帶旁的操作受到機器的宰制，這些皆讓人的差異、特殊與新生性喪失了。而針對機器宰制了人，人是否反過來支配機器的問題，鄂蘭回到人與機的相伴為伍能否既不扭曲公共空間所形塑的世界，更對世界的建立有所助力的視野來回答（HC, 151）。

　　近來看到華人孫煜菁拍攝的公益廣告《一雙筷子》，導演藉著筷子傳遞華人文化中的啟迪、傳承、明禮、關愛、思念、睦鄰、守望、感恩的情感，最後以「一雙筷子承載中國數千年的情感」為結尾。筷子是製造產品，但卻更是文化的載體、情感的意義所在。它沒有宰制人的思想作為，卻反而將它們體現出來；人也沒有宰制著筷子，筷子毋寧是被統歸為存有的文化情感所滲透、所運用。筷子遊戲在文化情感的交流當中，筷子實扮演藝術作品的角色。不論人與機的相伴或是人與筷子的互動，關鍵在於人與他物彼此的「讓出空間」。

　　鄂蘭將藝術作品視為人的內在思想藉著製作物而外顯的有形之物（tangible things）（HC,

169），我們可稱之為痕跡（traces）。藝術作品與
糾纏在工具目的鏈的製作物，或與彷彿是另個自然
循環下的消耗品有所不同。製作物受到思想的支
配，它的形式與目的唯聽人命是從。特別是當特定
人物以思想產生了製作物，這個思想不是其他人的
形式，它往往會藉著產生出來的製作物牽制了其他
人的思想。但進一步的思想支配卻導致了機器自動
化，人反而受到機器的支配。欲將個人思想支配
性減緩，就要將人的思想與製作物彼此「讓出空
間」。根本而言，人的思想要對於製作物所源出的
自然質料「讓出空間」，要尊重自然的物質性有它
自身的目的，且尊重與「讓出空間」給他人也可將
自己的思想賦予到物質上，這樣的作為即體現在製
作物成為藝術作品，從而尊重各自對於建立世界的
貢獻。

　　這樣具藝術性的物質成了自我與他人思想連結
的中介。自我與他人在連結中既保有個人的特殊
性，又因彼此與生具有的同等性而可形成共同性；
更精確言，應指的是自我與他人藉之而有和而不同
的連結性。世界之成為公共性的，就必須具有這種
中介性質。為鄂蘭比之於世界的桌子將一群人聚集

在一起，也將他們隔開（HC, 52-53），那麼能夠承擔這種中介性的世界或桌子也是一種藝術作品嗎？

筷子讓我們聯想到海德格對於梵谷畫的農鞋詮釋為在世存有的載體，因為筷子承載著隸屬於存有的文化情感。但筷子更是連結人與人的中介，而這個中介性正是藝術作品的特色。被藝術作品具象化的思想讓這個中介性得以可能，思想則以和製作物彼此「讓出空間」為其本質。故「讓出空間」的概念已蘊含在人的思想中，再藉行動與言說的無形公共空間，以及所建立的城牆、法律與敘事等等有形的公共空間便落實出來。換言之，有形的公共空間必須以無形的公共空間為前提，但更預設了一種思想能力。惟這種思想已不只是建立在自我反思下要求自我和諧一致的基礎上，因為這基本上是與過去的我對話，它更應該對於未來如何保持自我與他人和諧一致而做出判斷。康德在《判斷力批判》（*Kritik der Urteilskraft*）提出的「擴大性思維方式」（erweiterte Denkungsweise）呼應了這裡的思想概念（KU, 146/159）。我之前視為具實在性的思想就要以「讓出空間」的概念為前提。

　　彭麗君從鄂蘭那裡看到兩種「法」，分別是希臘理解的 nomos 與羅馬理解的 lex。Nomos 是使共同生活得以運作的空間，但需要城牆作為一個社群的邊界，再讓人民從事政治活動於其中。Lex 包含了讓法律形成的政治活動，這是從言語與行動衍生出來的。（彭麗君，2020：269）若忽略了 lex，nomos 就有形成暴力的可能，而香港的佔領運動是對於法律往往被限定在作為基礎的邊界內的反省，是對於 nomos 可能帶來的僵化的基礎性去衝撞，從而將 nomos 鬆動成為「非基礎性」的，這即是要靠言語與行動來建立，這樣法治才可成為在公眾中萌芽成長的公共價值。（270-275）故這裡即顯示有形的公共空間立基於無形的公共空間之上。彭麗君注意到鄂蘭以 lex 去補充 nomos 時，要「促進恆常對話，互相尊重和自主認可」（269-270），但未更深入去看鄂蘭從私領域往公領域可以開展出來的羞恥、敬畏，以及可以再揭示出來的「讓出空間」。

　　將自我的肯認擴延到他人與物對我的開放，此時的思想已不是直接訴求與寄託於一個統一的秩序，且將之加諸於對他人與物的規定性上，而是對

於每個人意見的尊重與接納，但這些屬存有者層次的作為更要以存有論的「讓出空間」為基礎。如果行動、言說、城牆、法律、藝術品、故事等等皆仍是存有者層次的公共空間，那麼「讓出空間」是存有論層次的公共空間，它讓存有者層次的公共空間得以可能。存有論的公共空間也可說是存有論的世界，它使得前述第一個層次的世界轉化為第二個層次的世界。這裡也有「世界世界化」的意涵，但更有「公共空間空間化」的意涵。鄂蘭曾主張人與機器不宜做孰是支配者的爭論，而必須共同為世界做出貢獻。人與機器就應先彼此「讓出空間」，使得機器轉變成藝術品，從而建立世界為連結人與人的中介，公共空間因此而締造起來。

　　「讓出空間」的思想不是鄂蘭的專利，她的老師海德格常說的 Einräumen（SZ, 111; BWD, 33）本具有這個意義，然後有著後續的安置，與引申出來的承認（自己的錯誤）、賦予（他人的權利）等意義。海德格在晚期六十年代的「蘇黎康研討會」（Zöllikoner Seminare）將他早期已使用的這個概念解釋得更清楚：讓出空間其實是人賦予譬如自己的身體、前面的桌子佔據一個空間的自由。我允許

前面的空間被佔據，即使已被佔據的空間在這允許之下仍可再被佔據；反之，即使空無一物的空間未被佔據，但不在這允許之下仍不能被佔據（ZS, 8-9, 18-20）。這個讓出空間的條件來自什麼呢？對海德格特別是晚期來說，是來自存有的賦予。我們可類比於一位有宗教信仰的人讓上帝來決定，也就是將人的意志擺在一邊。海德格特別稱讓出空間是存有論的空間概念，有了這個條件才可顯現存有者的空間。海德格的存有論與存有者的空間概念關係極可能影響了鄂蘭的存有論與存有者的公共空間概念關係。

也因為存有論的「讓出空間」，讓藝術創作保存為藝術作品，並藉著藝術館藏並展示出來。這是讓屬於私領域的思想能力、無形公共空間的言說與行動、種種有形的公共空間，在彼此尊重之下，讓原本屬私領域的藝術創作得以進入公共領域。故鄂蘭對於羅馬帝國之重視公共領域，讓希臘的藝術創作保存為藝術作品予以高度的評價（BPF, 209）。

由此來看，鄂蘭雖鑑於人之生活於世主張要超越自然的境況，且超越自然是為了建立世界，特別是建立公共空間，但是人類仍應保有具私密性的自

然境況裡隱含的思想光輝，將它體現在敞開於世界的製作物中成為藝術品，思想也因此成為實在的。這同時顯示了自然境況裡的價值需透過人為活動來彰顯與保存。故當鄂蘭理解文化是人在對於自然栽培（cultivate）、照顧與看護的意旨下，和自然進行適當的互動（interaction），以至於讓自然能適於人的棲居（human habitation）（BPF, 208），那麼藝術品的確不只是人與人，也是人與大自然連結的中介。

　　換言之，人欲超越只在勞動生活中與自然的互動，需要製作物為中介，致使與自然的互動方式以及在自然的棲居能夠持久。這個持久適當的互動與棲居端視製作物不落入以實利主義（philistinism）為尚的工具與目的鏈以及機械化，甚至藝術活動也要避免實利主義的導向而流於商品化的買賣行為（BPF, 203）。鄂蘭在避免所謂文化的實利主義（cultural philistinism）訴求下，提出西塞羅（Cicero）所提之文化心靈（cultured mind; cultura animi）（BPF, 208），意義是以「品味」來教化人的心靈。這有如康德對美學所提的「無目的的合目的」的理念，即是對於自然美與藝術品不做人為規

定，特別是不以商業價格的實利主義來做評價，人因而可擺脫對己身受用的興趣，而自由地、愉悅地悠遊於自然美景與藝術品中。而依我目前所強調的，人與大自然要彼此讓出空間，才能讓大自然的目的性在人的心靈中得到共鳴。

藝術品扮演著中介的角色，讓人與物等等既相聚又隔開，且建立出人與人連結的公共性。如果以此為目標的政治判斷是以讓出空間、人與人的彼此尊重為依據，那麼豈不表示品味判斷與政治判斷可相提並論？鄂蘭引用雅典的政治家佩利克勒斯（Pericles）的一段話：「我們在政治判斷的範圍內愛著美，並且我們從事哲學而沒有野蠻人的軟弱之惡。」（BPF, 210）表示當我們有著哲學的智慧所帶來的勇氣，就可斬斷陷入在美與政治事務上利益算計的軟弱之氣，才可真正的愛美與做正確的政治判斷。我在這裡指出的不只是鄂蘭從康德的品味判斷擴展到政治判斷，更是讓出空間、彼此尊重一起成就了品味判斷與政治判斷。

職是之故，當彭麗君一方面將佔領運動視為爭奪空間的運動，另一方面簡單標以「佔領作為藝術」（彭麗君，2020：129），卻又以為「藝術作

品有能力幫我們找到本應是萬物皆有的內在價值，也有可能喚醒我們，使我們感受到世界的公共性」時（153），她猶可更清楚表示：唯有藝術作品使我們感受到世界的公共性，才能主張佔領本身作為藝術，因為佔領者已能夠向所抗爭的對象開放其心靈，從而在對抗中訴求協調乃至合作，當然被抗爭的對象也應具有同樣的開放心靈；此外，其所佔領的空間可成為具有中介性的藝術作品，更遑論佔領者創造出的手作物，如彭麗君所區別的，不只具有實用價值——只在工具－目的關係中滿足「為求（in order to）實現目標」而已，它們更是為了（for the sake of）本身已存在之人和物之故，從而是具有意義的、內在價值的藝術作品。（151）這歸於我所闡釋的：藝術作品為人與人、人與大自然連結的中介，在中介的兩方要以讓出空間、彼此尊重為依據；至於彼此在對抗中的兩方何以能如此，更要歸於二者對於羞恥、敬畏心的察覺，這是後面要討論的議題。

至於宗教性的神聖價值如何立基於公共空間之上？鄂蘭在《精神生活》引用了奧登（W. H. Auden）的一句格言：「上帝審判我們是依照現象

嗎？恐怕是的。」（LM/I, 17）或許上帝本可對於
「我們是誰」一望即知，奧登認為祂透過我們在世
界上顯示的現象來審判我們。現在，這個上帝一詞
實已轉化為整個我們、整個社群，審判一詞也以判
斷來表示更為妥適。我之面對我們整個社群，或許
仍要保持我之面對上帝一樣的自覺有限與心存謙卑
的心境，這樣才能與他人、物彼此讓出空間，發展
出存有論乃至存有者的公共空間性。原先具有超越
性的上帝轉化成另一種形態，仍隨時警惕著人類去
察覺自我渺小。對照於她的老師海德格將上帝體現
在存有，鄂蘭將上帝體現在公共空間。上帝所轉化
成在公共空間裡的我們仍對我個人具有超越性，讓
我因而自覺渺小謙卑。如此，出世的基督宗教才能
透過立基在公共空間之轉化而為人間的宗教，神聖
的價值也在這裡被轉化。這也可以說是宗教的實在
化與意義化。

　　基於我們強調的「讓出空間」，如何來理解從
海德格那裡轉變成鄂蘭所瞭解的良知呢？其實海德
格早晚期分別以本真的此有、存有生命或存有生命
史的召喚為良知，概在使此有或人讓存有等等作為
實事如如地自身顯現，我們打開了自己讓出了存有

顯現的空間。這個存有論層次的讓出空間可進一步
讓我們處於存有者層次去授予周遭存有者的空間。
鄂蘭直接地表示所讓出的是我們所處的世界，並讓
裡面每個人有權去發聲、去判斷、去說出故事。如
果我們能確立鄂蘭這裡也有個存有論層次的良知概
念，就不會使得鄂蘭將傳統已擴展的良知概念反落
入海德格所批評的流俗的良知。這也是我為什麼要
提出並強調讓出空間為存有論的公共空間的理由。

第七章

對於臺灣社會
政治價值的觀察

　　本書主要是以西方哲學的背景來檢視臺灣的政治價值問題。所選取的西方哲學在海德格方面已將我們擺除了先前規定的、意識形態的價值，從我們描述出的內在所匱乏的實然性，逼促我們朝往所指示的應然性，這是對我們有正面啟發的海德格思想。但海德格仍從少數人哲學家的角度來看從實然到應然的轉化能力。故我們就借助鄂蘭的思想，強調從多數人公共性角色出發來看的價值。其中實然的匱乏轉化到應然的指示仍在，如鄂蘭鑑於公共空間的建立，所引用的「所有的悲傷可被承受，如果你將它們放到一個故事裡或講述一個關於它們的故事。」這句話所顯示的意義，即敘事者與觀眾被逼促往更高價值作為安定心靈的依靠。從海德格到鄂蘭最根本的進展是：在海德格良知是在個人生命的

不安時刻來自所匱乏的自我滿足的呼喚，或「此有」在他的一切可能性被逾越時來自最大可能性的「此有」之呼喚，即便自我生命或「此有」已與他人及周遭世界結合在一起，但仍脫離不了傳統的自我對話的良知概念。至於晚期為我們所解得的良知，與我們對話的是存有，亦宛如上帝直接與人的溝通。在鄂蘭的良知是我們所訴求之不朽的世界的召喚，我們繼而在網絡世界中彼此對言行的判斷，並以敘事的方式來激發行動力，如此形成的公共空間讓每個人自我身分的實在性得以顯現。在這樣的良知概念轉化的基礎上，善與其他真、美與聖的價值也隨之有所轉化。

傳統的自我反思以求得與自我和諧一致的良知，與鄂蘭所擴展的以求得人與人的和諧一致的良知，二者是否彼此相容呢？上述的藝術品、筷子、桌子，甚至世界所扮演的中介角色，讓人與人的特殊性與共同性取得平衡，是否表示每個自我的單一性與特殊性，和自我經實在化成為人格，在共享世界之下而具有的共同性，皆可兼顧？其實我們不宜對上述非彼即此的兩端去問是否兼顧，而應該動態地看自我或傳統良知如何成為人格與擴展的良知？

將自我與良知實在化，是將之涉及到人在社群生活中和諧一致的訴求。鄂蘭針對納粹時代從個人道德的明哲保身轉為訴求集體的責任，就是典型的例子（RJ, 151-156）。

但即使對於社群生活、公共事務關注，若以少數人的觀點來做價值的依據，並以之來治理國事，這是所謂菁英主義的政治立場，也未離開公共領域，是否違背鄂蘭所主張的公共空間？鄂蘭的政治思想有導向政治菁英主義的傾向嗎？反之，若以多數人的觀點作價值的依據，如何能避免侷限於民粹主義？鄂蘭對此又抱持怎樣的立場？抑或鄂蘭的主張可以讓菁英主義更為開放，但不侷限在民粹主義？這要如何保障呢？這就涉及將自我與傳統的良知實在化或擴展的程度問題，並且擴展是否憑依什麼情感？或由什麼情感所逼促？

我們之所以關注這些問題，因為就像在世界的許多角落一樣，臺灣目前的處境，也深陷在民粹主義可能造成的政治危機裡。前面的哲學論述可以作為對此處境觀察、分析與回應的參考。而也正是因為公共空間奠基了其他倫理、藝術、科技與宗教的價值，故我們所討論的問題就可再延伸到這些價值

是否也受到民粹主義的影響。

　　首先我要強調鄂蘭主張的不是菁英主義，她別於思想來源之一的亞里斯多德，或許因為當時古希臘奴隸與婦女地位不平等的既有環境造成了與當今民主政治的差距。從亞里斯多德的思想看到政治是以城邦為單位的人民美好的生活為宗旨，但在其中倫理與政治的實踐生活仍以沉思（contemplation）的理論生活為最後的歸趨。這種哲學家的生活並不被亞里斯多德冀望於多數人，他似乎只在致力於對於政治領導者，如亞歷山大大帝，教育成一位哲學王的典型。他雖對於君主、貴族與民主的不同政體做了各有偏激所致不同弊端的評論，但應該較屬意於君主政治體制（1160a 32-1160b 21）。鑑於以上諸理由，亞里斯多德是位古典的基進菁英主義的擁護者。另外影響鄂蘭至深的康德則反對世襲的封建與專制制度，他支持法國大革命與共和政體，提出代議制政府與世界聯邦的構想[1]。他是一位自由主義者，但這個自由理念只能侷限於少數的哲學家，

---

1. 可參考李明輝，〈性善說與民主政治〉（收錄於《儒家視野下的政治思想》，頁 33-69），關於康德的民主理論（頁58-65）。

而並不能讓全民來落實，致使其與現今的民主制度也有些落差。康德仍落入菁英主義的窠臼。鄂蘭是如何呢？我們從她致力於謀求多數人生活和諧與美好的思想，但多了從公共空間的基礎建立善的價值來看，她正是想要超越菁英主義，但如何別於民粹主義呢？

民粹主義英文 populism，被視為社會科學語彙中最沒有精確定義的名詞之一，它呈現的樣貌過於豐富，難以捉摸。它雖是近來席捲全球的一種政治現象，但可溯源到十九世紀的俄國與拉丁美洲即已有的對於菁英主義、貴族制度的反對潮流。民粹主義在一般的研究中被分為左翼與右翼的路線，分別和社會主義與保守主義相結合。前者反對一般的菁英階級，後者因民族主義而多了反對外來的移民與勢力。但兩者皆反對多元主義，堅持只有自己才代表人民，才能決定政治與經濟的走向。

國內已有不少學者對於西方與臺灣的民粹主義走向做了詳盡的分析，譬如過去拉丁美洲從專制軍權解體走向左翼路線，但又對抗外來資本主義而走向新民粹主義；近來英國脫歐與美國川普選舉所帶動的民粹主義，卻是對抗左右路線結合後主張全球

主義或區域整合主義的菁英主義。臺灣則自李登輝、陳水扁、馬英九到現今的蔡英文，甚至之前蔣介石，或多或少利用民粹主義來主政，其間的反空汙、反核四、廢除臨時條款、反對外來政權、反服貿等運動皆曾訴諸民粹運動；幾年前的反中與韓流對抗，使得九合一選舉與總統大選民粹氣氛日烈（張佑宗，2009；黃昱珽、蔡瑞明，2015；曾柏文，2020）。

正因為臺灣和香港一樣，受到中國大陸在政治、文化與經濟「同化」的要求，故香港佔領運動之後，更易激起臺灣本土意識的反中與仇中心理，以至於本為較單純的社會與政治的議題，往往連結到反中情緒來訴諸民粹；甚至某些政治人物藉著議題操作民粹，但卻是為了自身或所屬黨派的政治利益之故。這是彭麗君看到的「本土情感易於被仇外的意識形態所用」的現象。

在討論民粹主義當中，有對之較做負面評價的（黃光國：2003；康培莊，2015），也有更多對之以正面看待，認為它能讓人民關注重要議題，可對民主深化（林淑芬，2007[2]；張佑宗，2009）。彭麗君發展了鄂蘭的思想，既給予民粹主義的一個地

位,但也防止它進入政治生活裡:民粹主義為從私
領域往社會層面的過渡,它其實可賦予政治生活不
時求新求變的力量,但民粹運動者要顧及政治生活
最後以建構法律為考量,故要與既有的守法者與執
法者相互形構。民粹主義因此在政治生活中本佔有
正面的地位,但它不宜被過度膨脹,以至於私有的
生命情感被帶入公共生活中,甚而導致公共領域的
萎縮不見。我曾說過,卸下面具與戴著面具者的相
互形構更要建立在羞恥、敬畏的情感與讓出空間之
上,羞恥與敬畏之情更值得從鄂蘭的思想裡發展出
來。

故在政治生活中,民粹運動者從私領域帶到社
會的情感要被抑制,但另一種情感需要被發展出
來,這如何可能,是我要接著討論的。惟我要先談
談長久以來在臺灣以「愛臺灣」的情感來訴諸民粹

2. 林淑芬在〈「人民」作主?民粹主義、人民〉(收錄於殷海
光基金會主編,《自由主義與新世紀臺灣》〔臺北:允晨文
化出版公司,2007 年〕,頁 215-254)從 Ernesto Laclau 與
Jacques Ranciére 的理論賦予民粹主義的正面意義,以挑戰
目前,尤其臺灣學者,對於民粹主義的批評。不論如何,她
的分析少了情感的因素,這是否是她回應審查人建議要更以
臺灣的民粹主義所隱含的情感歷史因素所要進一步研究的重
點呢?

的問題。其實「愛臺灣」是個語詞，語詞是從內在的生命情感所衍生出來的。我們可借用余德慧順著海德格的思路所區別的「大地存有」與「文化存有」或「文化世界」的概念去做進一步的觀察（余德慧，1998，21-22）。「文化存有」是對於具有深邃與豐富性、對之取之不竭與用之不盡、又對之明白，但不可接近的「大地存有」去言說、書寫，所呈現於語言符碼中的概念論述。但生長在臺灣這塊土地的每個人有著不同的生命歸屬與方向，言說「愛臺灣」的主體常指涉著屬於自身處境的內容，他卻常忽視出自其他言說主體的「愛臺灣」所指涉著不同處境，這包括所指涉的不必然是反中與仇中。

　　黃昱珽與蔡瑞明分析民粹的主體「人民」常與一個「他者」對立，「他者」隨著時代變遷而為政府、舊勢力、統治菁英、國外力量、外來移民等等的概念中移動；「人民」被投射為具美德、理想於一身，「他者」則被視為邪惡與腐敗的代名詞；至於臺灣近二十多年來，「他者」則被想像成由地方勢力、財團、資方與中國相關勢力，但以國民黨為核心來構成的（黃昱珽、蔡瑞明，2015: 133-

137, 154）。從「深淵性」（Abgrund, abyss）的大地存有衍生出的任何語言，包括「愛臺灣」、「人民」、「他者」，都是臺灣這塊土地所蘊含的情感生命的一個片面的表述。在文化世界的表述層面很容易分彼此，形成對立，但語言像是在泥土上四散各處的草莓植物，使用者不宜忽略像是地下根莖全連結在一起的大地存有[3]，包含著彼此不分的整體情感生命，故處在大地存有的臺灣人本是共同體，更何況所建立的文化世界有個理想層次，它是需要在此世界的人們，或許曾使用著「人民」與「他者」的語言分過彼此，有過對立，但要意識到文化世界的共同理想才為真正的歸趨，故彼此要從對立轉為敬畏與尊重；文化世界更要隨時從大地存有獲得生命力，才能有趨向理想的力量。我們因此更明白了前面已討論的，在文化世界的 nomos 要從大地存有發展出的 lex 去尋求法律與政治的生命力。

---

3. 吉姆・度法與蘿拉・蓓蕊思在《敘事治療三幕劇》（臺北：心靈工作坊，2016 年）借助德勒茲和帕內特的草與地下莖的譬喻，來提醒治療性訪談與對話背後的結構性（頁 157）。根本上來說，這是文化世界的語言與大地存有之間關係的問題。

　　龍應台曾從鄂蘭的觀點來批評民粹式集體的愛
（2016），她也指出：對於自己認同的集體提出
愛，常忽略了即便也愛這集體的他人常和自己有不
同的主張。她確實感觸到華人世界各處常在鼓吹集
體的愛，但常常擁抱一個集體的同時，就在敵視另
一個集體。但她鑑於鄂蘭所說：「不管什麼激情和
情感，都是深藏在人心深處的東西，人心深處的東
西非但肉眼無法穿透——它還需要隱藏，不讓公共
領域的亮光逼射進來使它變質。再深沉的情感動
機，一旦見光被審，都會變成猜疑的對象。」而訴
諸於較理性的思辨，此即被她稱作一個開放社會的
必要條件：「我和集體之間保持一個理性距離、思
辨空間。」故龍應台忽略了生命情感對於政治生活
賦予生命性的重要，這或許表現在民粹式集體的愛
裡面，只是當要進入政治生活時，就需被另外的情
感所抑制，而這即是鄂蘭強調的友愛。當龍應台述
及在鄂蘭眼中，「愛歐洲者」主張集體的愛，「艾
希曼大審的以色列檢察長」以民粹式的表演方式在
庭上詰辯，為了要煽動聽眾對於猶太集體之愛的情
緒，但身為猶太人的她因為「不愛猶太人」而遭受
族人抨擊，故而說：「我一輩子就沒愛過任何民族

或集體 —— 我沒愛過德國人、沒愛過法國人、或美國人、或勞動階級、或任何這一類的。我確實只懂得愛我的朋友，而我唯一理解或接受的愛，就是對個人的愛。」這個友愛是龍應台要繼續開展的、在政治生活裡扮演重要角色的情感因素。

　　建構文化世界的言語、概念、論述等等反映著我們與他人、世界的關係，進而成為我們生活的依靠（余德慧，1998: 7-12），但這個依靠是暫時的，要隨時接受來自大地存有生命的考驗，以致再有新語言表述以及新的依靠。當曾作為生活依靠的「愛臺灣」的語言受到挑戰，因為它所從出的生命處境不一，甚至彼此衝突矛盾，隸屬臺灣這塊土地的人們有著不同的情感之愛，更何況大地存有常為文化世界所滲透，「愛臺灣」讓原本對於土地的純樸與自然之愛變得宰制與矯情。基本上這些私領域的情感生命被允許帶入社會，但在進入公共領域時，這些情感必須被抑制而不自我膨脹。建立在彼此尊重的友愛之所以被鄂蘭強調，正因為友愛可作為公民情誼，讓原先個人私有的情感抑制起來。但公民情誼更需要羞恥、敬畏，以及讓出空間來做根底。

　　我們如何從這屬於私領域的深邃處往公共性政

治生活邁進中，不忽略所源出的情感生命：一方面
將民粹主義式的集體之愛安置在適當的地位，另一
方面尋找一種有助於發展出公共領域的情感？存有
論的「讓出空間」是否蘊含了情感因素，而它已在
私領域中運作著？「讓出空間」不只與存有者的公
共空間不同但不相離，它也與私領域不同而不相
離，而這個不相離可以表現在貫通二者的情感因素
中嗎？它是否即是我說的傳統的良知擴展所依據的
情感，它也決定了擴展的程度，從而可建立政治生
活，而避免了民粹主義的自我膨脹？

　　的確，貫通這二者的情感即是我在本書後半部
主要要討論的「畏怯」（shame; aidos）。但以英
文字 shame 來表示我要指出的情感是遠不足夠的，
希臘字的 aidos 也具有比 shame 更多的意涵。我要
表示的情感有羞恥、畏怯、敬畏、尊重等義，後者
以英文的 deference, reverence, awe 以及 respect 來表
示更為恰當，但如何由羞恥發展到敬畏及尊重，是
我鑑於民主政治所需之情感要做闡釋的。

　　鄂蘭先將羞恥（shame）歸屬於私領域，雖
提到它可出現在公共空間，但並未對此再細說。
後來的德國現象學者黑爾德進一步闡釋了「畏

怯」（Scheu）如何在公共空間扮演的角色，他有
意將此情感視為普世皆可發展出民主政治的前提
（Held, 2004）。這是遵循現象學的立場，對一個
如民主的理性思辨層次探討在生活世界層次已有的
前理性成分作為其泉源，前理性的情感因素讓理性
得其活水，畏怯感賦予了公共空間的活力。就情感
來說，民主是基於畏怯，民粹常基於集體的愛，集
體的愛可能掩蓋了在民主社會本應要培養的畏怯，
集體的愛如何可被抑制，並讓導向公共空間之畏怯
發展出來呢？

　　當代對於羞恥（shame）與政治之間關係的討
論如雨後春筍，所牽涉的議題也呈現多元，在這裡
當我們將民粹主義的問題提出來時，羞恥也作為一
個關鍵概念被討論著。這可就兩個階段來說：首
先，在民主政治方興未艾的時期，重視多數人、重
視平等的民主行為本就對立於偏向維持階級、主張
維護傳統的風俗、道德與宗教，這些常是過去菁英
統治的產物或依據。而多數平民一旦觸犯它們即常
畏縮羞愧，反之對它們衝撞，就往往被視為無恥的
公民（unashamed citizens）。其實這些公民常追求
的是個人的自然性與真摯性（authenticity），而不

願屈居於習俗將自己藏匿起來。其次，在目前較成熟的民主社會，在維護多數人正義的政治下，反而居於弱勢的少數人常畏於向多數人爭取更合理的正義性，一旦衝撞主流政治也常被視為無恥的公民。故對於主流政治勢力言，究竟羞恥已經死亡了，以至於我們只能對之哀嘆（lamentation），抑或羞恥仍應扮演著促進民主政治的重要角色？（Locke, 2016: 11-12）我以為這個問題與答案關係著如何從民粹主義走向民主政治，甚至要化解民粹與菁英主義或維護法律正義的兩端，就需喚醒雙方對於羞恥心的察覺。不論對於菁英統治或維護法律的去衝撞，都已經從本在私密隱藏的羞恥往社會敢於去揭露，這也往往就以民粹的身分表現出來。從某個角度來看，他們不顧羞恥，或敢於將羞恥暴露，這是針對所反對的一方。但雙方對於羞恥的察覺，所面對的卻是雙方本有的共同理想，他們因自覺有限而在理想之前感覺不足而羞恥，這也是我說的敬畏。如此才能回答洛克的提問：在民主政治裡如何得以兼顧羞恥與真摯性？從而如何才能以一種「健康的羞恥」（healthy shame）（Locke, 2016: 167）來維繫民主政治？下面即要對此做進一步說明。

第八章
敬畏何以成為
民主政治的前提

　　鄂蘭在《人的境況》以必然性與自由、徒勞無功（futility）與恆久性（permanence）、羞恥與榮耀（glory）各組的對立概念分別歸屬於私領域與公共領域，但同時說，這絕不意味著必然性、徒勞無功與羞恥只適於在私領域（HC, 73）。就文本脈絡來說，鄂蘭所指的羞恥與榮耀的對立主要是指隱密性與公開性的對立，也就是適合隱密的屬於私領域，適合公開的屬於公共領域。對鄂蘭而言，私領域不只是在與自然為伴的勞動生活中，人活在與大自然同步調的新陳代謝循環裡，在希臘或如中國古代有奴隸或長工、女僕的服侍，哲學家的反思或沉思生活、宗教的靈修甚至聖愛與行善皆應歸為私領域，也就是說適合在隱密的生活中進行，因若將它們公開了，反而其間應有的關

係或意旨會受到危害（HC, 74）。譬如行善不宜為人知，否則就變調成了虛榮；愛情屬於兩人間的私密之事，否則會見光死（HC, 51）。這不宜見人的事似乎並未涉及惡行罪狀，但其實不論私底下面對上帝，涉及到對自身罪惡的懺悔以求得救贖，或個人進行哲學反思，接受自己良知的審判，這些屬於隱密的生活皆歸為羞恥的範疇，因而羞恥是私密性的代名詞。

但我們要問，這些隱密生活不宜公開的理由是什麼？奴隸與女僕面對與自己權利衝突的公眾社會寧願藏匿起來而保護自己，否則易遭受有權勢人們的差辱。但對於鄂蘭而言，豈只是奴隸如此，對一個社會格格不入的個人或族群，似乎也應該將屬於自身的生活方式隱藏起來以保護自己。懵懵懂懂的孩童尚無法直接面對政治的權力糾結，家庭與父母則要成為他們的保護網。鄂蘭在對於一位猶太女性作家拉海爾瓦恩哈根（Rahel Varnhagen）如何融入一個新社會的描繪，以及對於小岩石城（Little Rock）取消學校種族隔離政策的評論，大體上皆表示應先隱藏自己，不輕易受到些差辱為要（Locke, 2016: 140-146）。但這對於社會邊緣人

物、弱勢個人與族群、幼兒而言，再要從隱密的私
領域進入公領域，只就前面說的勞動、工作、行動
作為人的境況的進展，甚或就鄂蘭主張之擴展式的
良知來論說，似乎皆不夠充分與具體。藉著羞恥的
議題正可對於從私領域進入公共領域的過程做進一
步的說明，擴展的良知更要以此為依據。羞恥之作
為私密性只讓私與公的界限成為靜態不變的，若鄂
蘭沒有進一步發展羞恥的意涵，就會阻止弱勢者為
爭取自身權利對於既得利益者的侵犯，而助長了既
得利益者在其所在的公共領域中繼續保有其地位。
所以羞恥要進而為畏怯與敬畏的概念，這是前面所
說的「健康的羞恥」，以及能兼顧真摯性的羞恥。
它也是我們討論如何從菁英政治轉為民主政治，但
不致落於民粹主義的先決條件。

　　彭麗君在《民現》書中注意到鄂蘭的這個
問題。她為鄂蘭開出的作為私與公領域中介的
「社會」──其中充滿著不可避免的區別對待
（discrimination）的領域──辯護其存在的必要
性，但著眼於從私領域衍生到社會的區別對待逐漸
化解，從而進入到基本上建立在人與人平等相待、
以致可互相連結的公共領域。故我們一方面對於社

會裡因區別對待而形成的問題不宜視而不見，另一
方面要提防社會領域的擴張，致使公共領域萎縮不
見（彭麗君，2020：99-101）。彭麗君未嘗不重視
情感在從私過渡到公領域扮演的角色，但她將情感
強調為個人的，可從私領域延伸到社會中，故情感
反映的是社會中個人的差異性。這應包括每個人有
著不同的情感之愛，集體之愛也被允許被帶入社會
中。再順著鄂蘭的思想，彭麗君呼籲大家在致力
於以共同性為旨向的政治生活時要學習理解差異
（119-120）。這樣的學習固然是對社會中所存在
的個人情感能夠體察與深具同理心，惟鄂蘭已提到
的羞恥以及我將要開展的敬畏之情應該更能促進人
與人之間對於差異的接納與體諒，從而彼此能進一
步協調與合作。

我們再直接來看羞恥的問題：洛克以為兼顧真
摯性的健康的羞恥主要是保持恭順的禮貌，以及承
認原先政治忽略了處於不平等地位的弱勢族群，
即她所說的：「要對差異性適當地尊重」（to be
appropriately deferential to the differences）（Locke,
2016: 174）。故其已涉及到我要強調的敬畏與尊重
的意涵。我們再看洛克的提醒：當一些人鑑於弱勢

者衝撞習俗爭取權利而被批評為不顧羞恥，這些批
評者原本所依以評斷的習俗或道德規範其實始終難
以概括所有人；對於希臘字 aidos 的嚮往或覺得其
在當代已死亡，其實只是這些主張者欲以自己認定
的習俗與道德規範強加於他人不可得的託辭；他們
要知道 aidos 是瞭解人們如何鑑於他人而為自己的
行為做出道德決定的方式，故人的身分是在瞭解自
己與被他人瞭解的雙重性之下所確認的；因而對於
aidos 的哀嘆，根本上是對於一種理想的、能概括
所有人的道德法則的嚮往不能如願的感嘆（Locke,
2016: 174-175）。這個道德法則實也見容於對於傳
統習俗與道德規範衝撞者，如洛克強調的，它是取
代貴族性價值的希臘羅馬時代的犬儒學派所追求的
世界主義價值（Locke, 2016: 175）。故主流與非主
流要知道共同面對著一個超越他們現實的理想，對
之要表示謙卑，並因而彼此抱持尊重之德。原先主
流者訴諸羞恥的死亡以喚回既有的政治形態，這種
羞恥所本的道德只是既有現實的，不是那理想的。
當然在對理想的道德謙卑的同時，也要從政治層面
去解決主流與非主流之間的矛盾。在共同面對超越
者之下，現實的道德與政治一起考量，所達到的仍

是在變動中可進展的結果。政治主流者要尊重非主流者，從而去激勵這些曾被視為讓羞恥死亡的人們走出羞恥的陰影，去參與建設世界的行列（Locke, 2016: 175）。

　　如同鄂蘭針對人與機器的互動問題，主張不是彼此宰制或支配的來解決，而是要考慮它們是否能共同建立世界，政治的主流與非主流的互動也是如此。因而，即便鄂蘭在某些脈絡過於將私密與公開截然劃分，但她畢竟提過羞恥也適用於公共領域，只是未繼續發展罷了。我以為不論是為了建立世界之故，或羞恥不只是為了保護弱勢者於私領域，或是羞恥對於鄂蘭而言可以兼顧真摯性，以致轉化為「健康的羞恥」，畢竟她也認為尊重或政治情誼是從私領域進入到公領域的必要條件。這除了從黑爾德的發展可見其要之外，我所提出的「讓出空間」更將作為這些討論的基礎。

　　鄂蘭區別隱密與公開的用意，就像人私底下面對上帝或進行哲學反思，是對於公共領域的建立無濟於事的，故需要其他適合公開的生活方式，這就以行動與言說來建立，但這只是必要條件而已。其次，所謂的善惡道德標準要以另個觀點來訂定，即

將眾人可見到的作為評斷的依據,因而榮譽與否成
了公共領域的善惡標準,惟這樣的說法仍對於公共
領域的建立有所不足。黑爾德之視畏怯為建立公共
領域的前提,即是對於鄂蘭所論做了補充。鑑於
此,本為隱密的生活方式成為適宜公開的,且成為
致力於美好公共生活的前提。我將私領域的隱密性
作為鄂蘭對於羞恥的理解,而將黑爾德揭示的屬於
公共性前提的畏怯視為羞恥進一步開展的生活方
式。但畏怯的生活方式卻可揭示出「讓出空間」作
為存有論的公共空間,畏怯的情感作為揭示的中
介,也貫穿在公私領域的生活方式之間。

　　黑爾德所描寫的蘊含畏怯的生活方式,表現在
古希臘隱密的三代同堂生活景象:第一代逐漸凋零
而面臨死亡威脅,第三代甫獲生命的泉源而欣欣
向榮,第二代肩負供養家庭之責而汲營於工作。
世代生活在生與死的起落中,家庭成員常處於競
爭與衝突,但當以暴力來排除競爭解決衝突,反
而易導致世代的滅亡。當時家庭成員以畏怯來防
止這種鬥爭,且不張揚生命與死亡,將它們掩飾
起來,家庭成員因此彼此被授予生存的空間(黑
爾德,2004: 279-282)。相對於隱密性的羞恥意

義，這防止鬥爭的畏怯從中更可揭示出存有論的公共空間。

其實以畏怯為這種生活方式的說法要予以修正補充，因為三代之間若不能保持各自獨立的空間，從而彼此間保護隱私的界線被逾越了，就會產生羞恥感。因而，各個世代間是彼此尊重、畏怯的。這裡面充滿著對彼此保持著不必知，甚至不可知的態度。黑爾德對此從驚訝說到畏怯的情韻（Stimmung; attunement），因為驚訝的原因是對於世事的難預料推斷，但產生了在對之「不期而遇」中的「清新」但「著迷」之情。既是如此，即表示人是有限的，從而「驚訝」的情韻又讓我們對於世界、對於他者要存著敬畏之情（黑爾德，2004：182-183）。這也是尊重與畏怯的根本由來。

若我們要細究集體之愛為何需要羞恥與畏怯來抑制，就會涉及更多對於羞恥議題的討論。目前不少文獻所論述的羞恥概念非只屬私密性的意義，它們是否同樣可揭示存有論的公共空間，或至少在這個議題下來討論呢？

黑爾德描寫的對象其實並不限於古希臘的大家庭，中國傳統的甚至現代的大家庭也是如此。但直

接關連於生與死的兩個世代似乎不是恩怨情仇的主事者，卻可能是導火線，譬如生與死帶來家庭財產的分配與繼承問題。我們不是看到亞里斯多德在倫理學裡討論了私領域中的正義問題嗎？亞里斯多德在倫理學與修辭學裡更提到了羞恥的概念，以之不是德性本身，而是通往德性的條件之一，或有學者稱羞恥為半德性（semi-virtue）（Higgins, 2015: 3）。因為羞恥只在情感（pathos）的層次，而德性必須以經由時間培養的品質（hexis）為行動的條件。亞里斯多德在倫理學著作裡認為羞恥是對於敗壞名聲的擔憂，這似乎較顧及外在他人的看法（1128b 10-20）；在修辭學裡指出羞恥是對於過去、現在或未來敗壞名聲之行為感到痛苦或激動，且進一步將敗壞名聲的事歸為罪惡的事（1383b 15），這是開始重視人的內在自覺嗎？

其實羞恥的希臘字有aidos與aischune的兩種不同表示，有學者區分前者是前瞻的（prospective）羞恥，後者是回顧的（retrospective）羞恥（Higgins, 2015: 4）。前者指的不是事後產生的情感，而是事前對於某某行為一旦去做就會感到的羞恥心，這種深怕將會有負面的情感以畏怯、敬畏來表示更為

恰當[1]。洛克從荷馬描述的角色闡釋了 aidos 的意
義，也做了很好的說明：aidos 對特別的社會身分
去指引與強化，致使他們被合理化在一個更高的
秩序中（Locke, 2016: 10）。前瞻的羞恥應該不只
在顧及他人憂慮名譽敗壞而生的，而是因為對於善
惡事前有了分辨，從而對於可能的良心譴責做了防
範。一些人認為培養前瞻的羞恥心是教育的重要一
環，就是著眼於啟發人對於分辨善惡良知的自覺
（Higgins, 2015: 4, 8-12）。亞里斯多德倫理學以
為在政治層面的幸福需要榮譽，反之名譽敗壞而感

---

1. Virginia Burrus 在 *Saving Shame: Martyrs, Saints, and Other
    Abject Subjects* 提到 Wurmser 刻劃了三種 shame：1. The fear of
    disgrace or dishonor; 2. The internalization of shame as 'the affect
    of contempt directed against the self'; 3. The 'overall character trait
    preventing any such disgraceful exposure, an attitude of respect
    toward others and toward oneself, a stance of reverence' that
    encompasses 'respect and a sense of awe.' 第三種表示前瞻的羞
    恥。Wurmser 視第三種是第二種的反命題，第二是對自己
    鄙視的情感，是事後的。第三是防止可恥的事發生，反而
    對於他人與自己有尊重與敬畏之情（pp. 2-3）。另外，據張
    偉的《質料先天與人格生成》，謝勒的精神羞感具有敬畏
    （Ehrfurcht）之義，似乎是前瞻的，懊悔（Reue）顯然是針
    對過去的事，但具有「良知動盪」（Gewissensregungen）的
    作用，在其中「總是有一個精神性的超越的或神聖的人格自
    身被給予」，因而具「審判」的功能（頁 236-237）。

覺羞恥就不會幸福。幸福是較在顧及他人的社會脈
絡下而判定的，但是否在這個政治層面仍有對於善
惡的自覺？進言之，這個自覺固可來自榮譽的匱乏
感，但如何和善惡有關，以至於也產生一種罪惡感
的羞恥心呢？

　　我在這裡提出的問題是，亞里斯多德在公共領
域以顧及他人的榮譽或羞恥作為幸福與否的指標，
但是否仍有對於善惡的自覺？若對於善惡的自覺僅
依據自我對話的良知，那麼公共領域的眾人似乎少
了良知的能力，因此顧及他人的榮譽就與善惡的自
覺無關。但是鄂蘭所擴展的公共性的良知正是企圖
對於亞里斯多德這裡的問題做番解決，即使顧及他
人的榮譽亦可關連到善惡的自覺。榮譽的匱乏引起
的外在性羞恥可以和內在之善的匱乏所引起的內在
性羞恥結合起來，結合的方式是對於內在的自我與
良知動態地實在化為人格與擴展的良知，原本內在
之善也實在化為關涉社群共同體的責任。

　　擴展的良知要依據某個情感，這個情感即是以
aidos 為核心所開展的羞恥、畏怯、敬畏、尊重等
等。擴展的也是情感方面的從私密的羞恥意涵到畏
怯、敬畏，以至於產生了「讓出空間」的存有論的

公共空間。它奠定了黑爾德所言的三代同堂生存之道的存有者事實性生活，以及鄂蘭所言在無形的與有形的存有者公共空間的共同體生活。

「讓出空間」所需要的情感是畏怯、敬畏、尊重，這是對於公共領域的民主政治生活頗為重要的情感。民粹主義需要這些情感以避免自我膨脹至政治生活，而且從私領域開始到進入到社會，這些情感就必須被喚醒培養出來。集體的愛蔓延做大是需要它們來抑制的。我一方面視敬畏為「讓出空間」的前提，這是就它們為「讓出空間」的發生學來源或「認識基礎」（ratio cognoscendi）來看的，另一方面則視「讓出空間」是敬畏的「存有基礎」（ratio essendi）。

至此我們可將前面對於良知的討論和這裡的畏怯問題做個連結。回顧與前瞻式的羞恥不必然分別以外在觀點的榮譽和內在良知的自覺為依據，但從鄂蘭擴展的良知概念，可將這兩者做一統合。海德格曾指出，存有論的良知不是回憶現成的事件，而是在未來最大的存有可能向處於現在的此有召喚，這即是前瞻的。他並且認為流俗的回顧式良知固然不及前瞻的警示性良知來得重要，但這種向未來行

為的呼喚必須以存有論的良知，亦即由此有的最大存有可能來召喚為先決條件。因而，當我們在這裡不論強調前瞻式的羞恥，或是將前瞻與回顧式的羞恥做一統合時，仍然呼應著海德格重視的存有論的良知，當然它已轉化為鄂蘭所理解的良知。另外，若價值仍根植於經由良知召喚所察覺匱乏而導致由實然往應然的指示，那麼羞恥或畏怯即是這種匱乏感，它顯示出良知召喚所帶來的一種情感。

我前面對龍應台提出了公共空間是否只允許理性思辨，或更應該讓某種情感在其中扮演著角色的問題，實關連到長久以來已存在的政治是否相容於倫理的爭議問題。牟宗三就提過羅隆基嘗說：「近代政治上最大的貢獻，就是把政治與道德分開。」（牟宗三，1974: 59）並指出兩者不分開，則易於陷入政治的「泛道德主義」或「泛政治主義」，特別是「道德」反而成為極權奴役人民的藉口（牟宗三，1974: 60-61）。龍應台主張以理性面對政治，依然是循著羅隆基的這個說法。以牟宗三為代表的新儒家試圖建立從倫理到政治的關係，而常有所謂的「曲通」「轉折」「自我坎陷」之說（牟宗三，1974: 58），這是將〈大學〉的格致誠正修齊治平

的政治哲學的發展過程，從內聖到外王的順轉為逆
的解讀。

　　不論只主張理性的龍應台或是主張從道德理性
逆轉為政治理性的新儒家，仍然以為民主政治要基
於人的理性來建立。牟宗三以民主政治所本的分解
理性是為了在現實的公共事務上落實基於綜合理性
的道德理想（牟宗三，1974: 46-62）。道德理性指
人的內在已可分辨善惡的理性，也就是前面說的以
自我反思來分辨善惡的良知所刻劃的理性，它屬於
亞里斯多德倫理學所說的內在的善，呼應我所說對
於善惡自覺的內在性羞恥。儒家在孟子相傳下的主
流思想的確多重視對內在之善或亞里斯多德所說的
「靈魂之善」（1098b 13）的發揚，但似乎對於亞
里斯多德也強調的「外在之善」（1098b 12）較為
忽視。牟宗三以自我坎陷來落實公共事務，理應已
顧及外在之善的問題，但未對之做詳細的論述，這
點在後面將提到的安靖如就有所討論。鄂蘭的良知
概念即是在顧及外在之善所發展出來的。外在之善
不只涉及他人、社群、世界，更涉及到運氣的問
題，這個論點還需要進一步說明。當我將擴展的良
知所依據的羞恥等情感提出時，外在之善的問題將

成為情感的主要來源，它並且是我們從羞恥往敬畏
的情感發展的重要因素。

　　我不否認重視內在之善的譬如康德與孟子亦注
意道德情感的問題，康德的敬重道德律，即可歸為
前瞻式的羞恥感所具有的敬畏之義。鄂蘭將康德的
「我應該」後面加個「否則」，更強調出由實然的
羞恥與敬畏情感所激發的良知對於應然的逼促性。
孟子在四端裡談的「羞惡之心」是作為「義」的發
生學根源，但已具足完成行動的道德意識；惟因為
這個良知對於道德行為是既必要又充分的條件，故
而孟子只重視內在之善，但忽略外在之善嗎？荀子
又如何呢？事實上我們也應該鑑於華人文化背景去
瞭解，為何我們一方面在理論上不願正視道德情感
在民主政治裡扮演的重要角色，另一方面在現實上
卻往往無法抑制集體之愛在政治場域裡運作？這是
學者在學術上往往忽視外在之善，而一般老百姓在
現實上卻不能擺脫外在之善所導致的結果嗎？瑪塔
娜絲寶（Martha Nussbaum）強調，重視外在之善
的問題才能處理到人真實的情感。的確，顧及外在
之善的問題，我們可以對於羞恥探討得更為深刻，
從而關於畏怯對公共領域的建立問題處理得更為周

全。我們先一般地來看外在之善和情感的關係,以及真實的情感如何可從這個關係中顯示出來。

古希臘以來善的事物包含有身體的善、靈魂的善與外在的善,亞里斯多德對於外在的善有不少討論,它包括財富、高貴出身、友愛與好運(1099b 4-5)。德行雖可不顧及外在的善,並且在厄運中的高貴更閃耀著光輝(1100b 32-33),但是要達到幸福,外在的善實不可或缺。娜絲寶指出相較於柏拉圖,亞里斯多德更重視有關外在的善,譬如運氣中的悲劇問題。她進一步強調,我們的慾望、感覺、情感實和外在之善的問題息息相關,而我們不宜在訴諸理性下對之迴避,反而要因此承認自己的脆弱。當人在考察如何在悲劇情感中學習成長,以致力於善的生活,這就產生經過淬煉後之理性所建立的倫理(Nussbaum, 2007: 8-10)。

對不重視外在之善的倫理學而言,情感的問題很難被重視,因為這種倫理學主要是以理性做判官,在屈服於慾望或是對它克服之二者做一選擇。情感是外物影響我的結果,開啟了這影響之大門就會導致對慾望的屈服,故康德針對道德情感只能談對道德律的敬重。但亞里斯多德在倫理學裡將快樂

視為幸福的一部分，幸福對於人類誠然以德性為必要條件，但會伴隨著快樂之情。如快樂與痛苦可作為建立人格品質的指標，這常見於賞罰導致的快樂或痛苦在讓人的行為好的更好或壞的變好（1104b 3ff.）。又如亞里斯多德在友愛方面，雖然主張為了善之故而交友最為高尚，但認為實際上快樂仍然有助於朋友之間的維繫（1157b 7-20）。故正面的情感如快樂對於我們具體的生活是有幫助的。情感衝擊我們生活更大的卻是屬負面情感的痛苦，如亞里斯多德在《詩學》（*Poetics*）討論悲劇的問題中正顯示：善行導致善報的因果性常被運氣所顛覆，但痛苦不是判斷德性為惡的指標，卻可讓人淬礪出新的倫理。

　　康德的道德價值近來常被提出道德運氣的學者挑戰（Bernard Williams, 1976; Thomas Nagel, 1976; 賈佳，2018；馬寅卯，2020），我們固然可做如此的協調綜合：道德價值著眼於個人道德主體，道德運氣顧及現實情境與社會脈絡，因為對於外在之善的重視，根本的意義在於如娜絲寶所說：對於慾望、情感、感覺等和外在之善相關的問題不宜訴諸理性對之迴避，反要承認自己的脆弱，以面對悲劇

痛苦而淬鍊出更高尚的德性。這也是亞里斯多德所說的：在厄運中的高貴更閃耀著光輝。惟這背後更有我之前所強調的意義：人自覺個人的有限渺小，在謙卑中能讓出空間。自覺有限首先在自覺道德理性的有限，承認它不能憑己之力而充實飽滿，了解個人的格物、致知、誠意、正心、修身也只及於與自己保持一致，無法保障與他人的和諧，且自己的幸福生活始終為不容自我決定的外在情境所影響。惟自覺有限更在於面對著不可預期的命運。

唯有在重視外在之善的問題下，才能將羞恥往畏怯、敬畏的情感去深化，也才能揭示出「讓出空間」之作為存有論基礎。這是不論在公或私領域中羞恥、畏怯等情感所具的存有論意義。這些情感在私領域裡只關乎個人的內聖，在公領域裡則涉及外王，外在之善的問題所揭示的人之真實情感對於內聖與外王皆是最核心的。

由之我們可繼續瞭解擴展的良知所引以為據的情感究竟是什麼：外在之善的匱乏也會產生一種良知召喚，此即良知從自我要求一致的對話，擴展到要求我與他人一致的召喚，因為運氣等涉及外在之善的因素也被納入我與他人一致的條件，而一旦為

自己不可支配的悲劇降臨，將遭使自己覺得畏怯、敬畏。因悲劇之故，當要求我與他人一致的幸福生活對於匱乏的我做良知的召喚，敬畏成為我對此召喚的回應，但敬畏之情所激發的去充實此匱乏的力量卻更大。海德格晚期的良知被我解讀為存有或存有生命史的召喚，存有包括了運氣等外在之善的因素，在這裡敬畏也是良知召喚所帶出來的情感嗎？

　　在此我們就回到儒家是否與如何談論外在的善與運氣，以及對於真實的情感是否與如何正視的問題。而當運氣介入對於公共領域和諧一致的要求時，敬畏是否也在承認自己的脆弱之下，反能激發出真實的正面情感？

第三篇

「讓出空間」蘊含的「敬畏」何以作為公共空間的價值基礎？

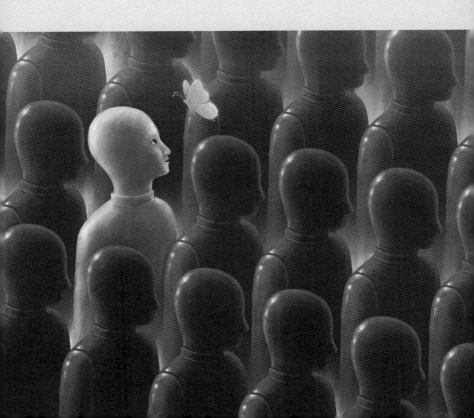

第九章
儒家談外在之善與敬畏

　　首先要指出，儒家重視情感，但這個情感來源不是受外物的影響，不來自理性，而是來自本心。孔子對於倫理生活賦予了情感的動機，倫理不只是形式上的禮、樂而已，即使樂能夠激發情感，但以禮、樂來維繫倫理生活，更需要背後仁的情懷。孟子對於仁本身更賦予了惻隱之心的情感，惻隱、羞惡、辭讓、是非之心，分別是仁、義、禮、智四種德行的端緒，端緒指的是激發出、且能具足以行動之情感。這不再是屬於非理性的慾望，但也不是理性本身。相較於亞里斯多德倫理學藉時間培養出可駕馭一般道德德性（moral virtue）的理智德性（intellect virtue）或實踐智（phronesis），儒家賦予了這個本心固有情感的根本地位。所以廈門大學王云萍謂：「早期儒家不但把情感看作是道德行為的動機，而且實際上認為情感論證了善（道德）的

合理性。」她引用了著名漢學家孟旦的話：「情感
緊緊地聯繫著我們的認知和動機。任何忽視情感
（包括家庭情感）的倫理學都將被看作是不切實際
的、自我異化的。」（王云萍，2007: 92）

　　這些出自本心的情感，和前面娜絲寶所說的，
從悲劇的運氣關連到外在之善的問題所引發的慾
望、感覺、情感當然有所不同。運氣引發的情感也
可以說是個人和現實情境與社會脈絡的關係所引發
的情感。這種情感是否也存在於儒家呢？余紀元在
《德性之境：孔子與亞里是多德的倫理學》指出，
儒家雖不忽略外在的情境，但對於孔子而言，一個
人善之本性的完成不會因外在之善而增加，或因巨
大的厄運而削減；對於孟子而言，一個君子不會被
外在環境所擾亂，這異於亞里斯多德強調外在之善
有助於我們不只擁有德性，並能將之表現出來，
從而更能致力於幸福的生活（余紀元，2009: 296-
297）。其實悲劇命運對於情感的激發與提升，孟子
也有所述及，是眾所周知的：「天將降大任於斯人
也，必先苦其心志，勞其筋骨，餓其體膚，空乏其
身，行拂亂其所為。」至於儒家的另一流派荀子如
何呢？我們就榮辱的議題來說明。

　　孟子的四端當中的羞惡之心是激發義的情感，
義是內在的，別於激發行動的利所帶來的如享樂的
情感；利來自外在物質，故是外在的。羞惡之心有
如亞里斯多德視羞恥為分辨善惡的良知，或被稱為
前瞻性的羞恥心。與之相較，荀子的榮辱之說更在
於社會脈絡中展現其意涵。根據〈勸學篇〉所云：
「物類之起，必有所始；榮辱之來，必象其德」，
榮辱似仍然與人的德行相應，而屬私領域的範疇。
但是在〈榮辱篇〉經由生活中的事例來描寫榮辱
時，卻多是就現實社會中人與人的關係來談論：如
為人謹慎、恭敬謙虛、不嫉妒、不誹謗；不爭強好
勝、盛氣凌人、貪得無厭與獨斷獨行；喜歡鬥毆是
忘了自己的身體、親人與君主，從而以高姿態的地
位去傷人；要有士人的勇敢，不要怨天尤人。這些
皆在惕勉人與人的正當關係，否則就易遭到侮辱詆
毀。在篇中直接講榮辱的有：先考慮道義而後利益
的人會得到榮譽，反之得到恥辱；一個君子思慮明
智、做事穩當、主張堅定，就不易遭受恥辱迫害；
要如夏禹明君一樣得其榮譽，就應先整治身心去除
劣根性，故要接受禮儀法度的教導來約束自己，否
則就不懂得辭讓與羞恥。

在這裡荀子雖從社會脈絡的現實情境來刻劃榮辱，但實則仍以自身的道德儀禮為尚，故顧及外在他人的榮辱主要以內在道德的自覺為基礎。因此〈正論篇〉區分了義榮與勢榮、義辱與勢辱，義者由內出，勢者由外至，更明顯刻畫榮辱以道德為本的判定。然而，「勢」就顯示了外在之善的問題，這在〈天論篇〉裡稱為「節然」，王先謙更解注為「時命」。而在此篇裡，荀子實對於「天行有常」深具信心，因為其「不為堯存，不為桀亡」。至於是否人遭受命運的悲情逼促了人「全其天功」的作為，或許可從王先謙的序做如是的解讀：「余因以悲荀子遭世大亂，民胥泯棼，感激而出此也。」這雖是針對荀子性惡說，必待聖人治、禮樂化，而辯以荀子真不知人性有善惡乎？而聖人正是旨在「全其天功」。荀子本人豈不即是基於命運之悲情而體悟出聖人的作為？

故荀子本身即有孟子的「天將降大任於斯人也」的生平作為。安靖如也從荀子裡看到現實情境對於情感的影響，並用「憂患意識」來說明儒家裡仍有對於道德運氣問題的關注。在《當代儒家政治哲學：進步儒學發凡》（Angle, 2012 ／安靖如，

2015）一書裡，他實涉及敬畏心作為民主政治的情感條件，而且也注意到外在之善的問題在此扮演的角色。我們先看看安靖如在此書的討論。

安靖如接受牟宗三從倫理道德進往政治所需的「自我坎陷」，但較從外在的政治環境來賦予坎陷的動機與內涵，故山東大學的王堃（王堃，2014）對此界定為「反向坎陷」。這意味當牟宗三對於儒家倫理道德本身沒有進一步反省，而將倫理與政治之間的關係放在道德主體的坎陷來建立，安靖如則從政治的方向出發，經過禮，再往德去反省，因而形成了他以「德性－禮－政治」的架構來表示內聖與外王間的連結關係，以及這三個環節的三足鼎立、彼此制衡。王堃借用安靖如在《人權與中國思想：一種跨文化的探索》（*Human Rights and Chinese Thought: A Cross-Cultural Inquiry*）使用的「單薄的」（thin）、廣泛為人所共享的人權價值觀，與「厚實的」（thick）、建立在文化意義上的道德觀的概念（Angle, 2002: 12-15／安靖如，2012: 13-17），來對應「稀薄」與「濃稠」兩概念，分別表示與現實情境關係的淺與深（王堃，2014: 22）。禮一方面在政治層面上是濃厚的，涉

及到能否與公共領域問題產生關連的禮，另一方面禮回到稀薄的層次，這個層次表示德與現實的關連是淺薄的；往德是「歸仁」、往政治是「禮教」，德本身的稀薄性透過禮的增稠性，和有濃稠性的政治相連結。而王堃之所以認為安靖如談論的是「反向坎陷」，也鑑於安靖如在《人權與中國思想》書中指出，單薄的價值觀不宜以最小公分母的方法來描述，而要從厚實到單薄的擴展過程來論述（Angle, 2002: 15 ／安靖如，2012: 17）。

「反向坎陷」一詞未為安靖如所使用，但基本上我是贊成王堃的看法。從公共領域往私領域的「反向坎陷」，類似胡塞爾現象學早期的「存有不論」，他早期直接將世界的既有原理原則還原到超越論主體，再重新開始構作世界，晚期則先將世界的既有原理原則還原到生活世界層次，顯示了每個人在日常生活中不同情境下的經驗是如何的，再還原到超越論主體，從而由下而上經過生活世界經驗再去構作整個世界。胡塞爾晚期更重視現實情境，讓具「稀薄」性的超越論主體已蘊含了較「濃稠」的內容。安靖如提出的反向坎陷的用意是一樣的。

「禮」是連結德性與政治的中介，安靖如著墨

頗深，重點是去反省儒家社會如何重建一種「不受壓迫的尊敬」（deference without oppression）。譬如傳統社會的女性受到禮教的束縛，在家、在社會都秉持著一種「被壓迫的尊敬心」來待人處事，她可能承受著無情的憤怒、犧牲的勇氣與忠誠於同伴的性格（Angle, 2012: 126 ／安靖如，2015: 210），尤其是她承受無法參加政治事務的服從式的犧牲。今從不合理的政治制度與禮教回頭反省，才能回到家庭從三從四德的生活中轉化出來。

我注意到安靖如對於禮的刻畫，和我提出的「讓出空間」概念有所關連，只不過他是做了情境的描述而已。他引用塞利格曼（Seligman）等波士頓學者的說法：禮儀能創建一種虛擬的共同場所，在此之內我們作為實在的、具價值性的主體彼此接受。安靖如強調，這是指我們在禮儀所塑造的空間裡既表達了尊重（respect），也塑造了尊重的人格（Angle, 2012: 102 ／安靖如，2015: 170-171）。此外，他幾次強調尊敬（deference）是表示尊重的方式，且尊敬以尊重為原因。但他更指出敬畏（reverence）是更深層次的、更廣泛的性情（disposition）（Angle, 2012: 114 ／安靖如，2015:

191），因為每個人或每個族群注意到自己的侷限性與易於犯錯，就會對原本共同的理想產生敬畏（Angle, 2012: 132／安靖如，2015: 219）。我想唯有在敬畏、尊重的前提下，才會有表現在禮上的適當地尊敬，也才能合乎安靖如對於禮只放在有限主義（minimalist），而非可能導致禮吞食道德之最大主義（maximalist）的意義來了解（Angle, 2012: 92／安靖如，2015: 153-154）。而這樣對於共同理想重視的敬畏，和我之前就洛克所論的極為相似。

安靖如對於從稀薄轉為濃稠的儒家稱為「進步儒學」，但將增稠的原因歸於外在的政治情境。他雖然引用荀子的觀點，提出了環境對於發展美德的重要性，也賦予了儒家裡一個可能的增稠因素，這就是「憂患意識」，而這畢竟是本心中潛在的對於外在可能悲劇命運的心理預備。除了前述面對共同理想、感覺自己侷限，他強調的尊敬概念更可從儒家討論的羞惡、榮辱，乃至憂患意識所由生的敬畏感來尋其源頭。

我在前面將羞恥心從孟子基於本心，進一步到荀子從社會脈絡來描述，旨在提問儒家重視的羞恥心等情感是否源於外在之善。安靖如指出外在政治

情境與憂患意識這兩個儒家的增稠因素，就在對我
的提問做肯定的答覆。這個濃稠因素必然沒有排除
悲劇運氣的問題。從私領域往公領域過渡，增稠實
表示從對自己的和諧一致到與他人的和諧一致的複
雜性與困難度，當我們面對它如同鄂蘭所示的作為
超越者的世界之前，將愈發自覺有限，而激發出謙
卑的可能。安靖如所指出的儒家從內聖到往外王的
增稠因素，其實和我們對於羞恥、自覺渺小謙卑、
敬畏，繼而讓出空間的討論息息相關。

　　另外，唐君毅對於榮辱的問題有著深刻地剖
析，也有往公共性去連結的論點。這是在他的《人
生之體驗續編》中「俗情世間中之毀譽與形上世
間」與「立志之道及我與世界」兩個章節裡所顯示
出來的。

　　他先對毀譽做事實性的現象描述，再從心理的
要求與現象來說明人之好譽與惡毀。其中他所說的
心理動機最好的一種，是人從自己好壞之價值判斷
出發，有了自責——他謂之良知，然後將此良知判
斷推廣到他人身上去，就產生對他人的毀譽。因這
是像對自己責求一樣地對他人的責求，是對他人
的人格著眼的，故是無私的毀譽（唐君毅，1996：

20）。唐君毅在這裡說的，或許不是蘇格拉底式的只要求與自己和諧一致的良知，而是鄂蘭擴展式的，或在我解釋下的王陽明知行合一的良知。如果這個毀譽是自己承受的，在這個心理動機下，那麼我似乎應感謝他人對我的毀譽，因為他是為了我的人格之故而有此作為。我若能反省到這個階段，就有助於從外在的毀辱產生的羞恥，進展到內在的良知的羞恥，進而再改過遷善。雖然唐君毅並未將羞恥之概念強調出來。

　　他對於毀譽從良知做最好的心理動機說明，預設且接受了俗情世間已經存在的毀譽現象，此時毀譽成了讓你我人格成長的推動力量。這種從較理想的視野來看的榮辱問題對於唐君毅而言，更預設了他將毀譽放在精神現象中，也就是他所界定的「一自作主宰的心理現象，或專心致志於一自覺有價值之理想的實現之心理現象」（唐君毅，1996：22）。鑑於此，俗情世間的毀譽就被視之為無物，因為它已被精神現象中的價值理想超克了。但是流俗的毀譽心仍不時滲透在精神現象裡，唐君毅解釋這是人在要求有超拔流俗的精神之外，還有一種「通人我而為一」的道德感情，流俗的毀譽心卻是

這種感情的虛映的倒影（唐君毅，1996: 26）。流俗毀譽滲入精神現象就是基於既欲超越俗情，又求與世人通情的兩難困境所產生出來的。（唐君毅，1996: 28）但唐君毅惕勉著我們首先以「自反而縮，雖千萬人，吾往矣」的自信來堅定超拔世俗的意志（唐君毅，1996: 30）。但若不能免於世間的毀譽關係，那麼最後要訴諸於站在一個制高點上，期於人與人的毀或譽皆化為人之過失相規或互欣賞其善的境界，所謂莊子的「魚相忘乎江湖，人相忘乎道術」「與其譽堯舜而非桀也，不若兩忘而化道」（唐君毅，1996: 32）。這即是處於人間世的形而上統一世界裡。

如何能將原毀譽所在的俗情世間，轉化為唐君毅最後歸為儒家理想之在人間世的形而上統一世界呢？這人間世猶如我之前說的世界的世界化所致，是存有論作用在存有者的世界，或之前牟宗三所說「即存有即活動」的世界。我們如何能對於俗情世間的毀譽兩相忘呢？所站上的制高點，是站上我指出的「讓出空間」的存有論高度，以致賦予毀譽的兩相忘的能力？而它更要藉著所蘊含的敬畏之情感讓我們往形而上的統一世界提升，但不脫離人間世

嗎？

　　唐君毅以心理的最好動機對於毀譽的說明，關連到我們之前所提的問題：如何從外在的毀辱產生的羞恥，進展到內在的良知的羞恥，這已涉及公私領域的關係。他在另個章節更提示了我們如何從私領域往公領域擴展，所提出的原則是：「把世界放在我之內看」或「我與世界之合一」（唐君毅，1996: 91）。但他排除了一些野心家、文學藝術、泛神論、觀照式哲學、革命家也將世界放在我之內的理念或作為，以為能成就公的志願的「把世界放在我之內看」，是「在道德的實踐歷程中逐漸成就」出來的。唐君毅避免世界在這裡只被視為空洞的理念，從而指出這是呈現於特殊的我之現實存在前的世界，世界是我面對的環境，裡面的人事物一旦與我對峙而產生矛盾衝突，我則必須不選擇逃避，而將它視為我自己的問題，以逼促著自己去對之化解（唐君毅，1996: 91-93）。

　　唐君毅的見解與論述，和我對於鄂蘭擴展的良知之闡述極為相似，這是對於我與他人、他人與他人和諧一致的要求，否則如唐君毅所言「其中有一矛盾衝突的問題未解決，即我之自己之心中有一分

裂、有一痛苦」，它進而逼促「我〔……〕必求融合此分裂與痛苦，我即〔……〕不能不求我的世界中一切矛盾衝突的問題之解決，而使我去抱一公的志願，去從事一公的事業。」（唐君毅，1996: 93-94）在這裡，唐君毅又說「依良知理性，以求其原則性的對自己及他人作有效之解決」，以致「涵有客觀意義之公的志願之湧出」（唐君毅，1996: 93）。但他未明確說明良知是什麼。這是孟子、王陽明的良知？是我與他人、他人與他人和諧一致的要求對於尚處於分裂痛苦中，也就是對於這些和諧一致感到匱乏的我的呼喚嗎？另外，只是說良知理性，似乎少了去說從這個匱乏所蘊含出的羞恥或畏怯去踐行良知，而知行合一正是要從這裡來看的。

　　如果唐君毅較從內在之善而著眼於理性的立場來看良知，並將公的事業視為對於私的責求的擴展，似乎就少了外在之善問題的衝擊，以至於在私方面的理性主體過於突顯，少了自覺有限而謙卑之情。其實不然，他在另個章節「人生之艱難與哀樂相生」就提到外在之善的運氣問題。但是他所面對的方式，是將一切「都有偶然因素在，即都有命存焉」的現實的可能遭遇，全幅加以同意，從而可以

說：「是，我在這裡。」即將一切可能的遭遇都加以承認（唐君毅，1996: 70-71）。唐君毅雖看似本著儒家一向主張之「人雖有限但可無限」的信念，去面對外在之善的問題，但在承認其中充滿著艱難的魔障後，指出人生旅途終點卻是「哀樂相生」之處。並強調行程中的病痛與艱難因是我內在感受的，故讓我察覺「在世莫有可恃恃，莫有可驕矜」，因而外在之善的問題反而會激發我們謙卑與悲憫之情（唐君毅，1996: 71-73）。鑑於此，「人雖有限但可無限」的「無限」對於唐君毅而言，應該不是個永恆的理念，它更始終處在「哀樂相生」的理想與現實、悲劇與喜劇的交融狀態中（唐君毅，1996: 73-74）。安靖如在另本書所說的在無限過程中邁向的「聖境」（sagehood）應是這種狀態（Angle, 2009: 27, 191, 193），而王堃指出這個「聖境」概念猶如在「先天下之憂而憂，後天下之樂而樂」中之由憂轉為樂的境界（王堃，2014: 22）。但憂與樂的先後應該不是線性的時間序列，而是辯證的、循環的，「聖境」更應是處在「憂樂與共」的狀態中。

安靖如從禮的尊重連結倫理與政治，唐君毅從

人的精神層面的提升與擴大，既從內在化解外在的
個人榮辱，又從內在融合外在的分裂以開展公的事
業。安靖如從政治情境回頭看人的內在性要如何應
對，唐君毅以人的精神要對外在的現實做收攝。此
外，他們皆注意到關於外在之善的運氣問題，且以
為儒家在面對極端的顛沛情境時，可從悲劇命運轉
化為聖境，但處在「哀樂相生」、「憂樂與共」的
情境裡。這個情境正如同余德慧在癌末病房對於一
位病患的描寫：

> 一位住在東部的癌末病人金浩（男，34
> 歲），在藥石罔效之後，移住緩和照顧
> 病房，金浩的下肢全部被切除，腰部以
> 下長滿淋巴腫瘤，以及非常大區塊的褥瘡
> 傷口。從住院乃至過世，金浩的出現似乎
> 顯露一種不尋常的領域，走進這領域的人
> 都受到震撼，其中有醫師、護士、志工師
> 兄、師姐，乃至於心理師、神父，都受到
> 這領域的滋潤而發生改變——醫師哭泣、
> 護士懺悔、志工有所啟悟、神父也不再說
> 教，心理師發現沉默的奇妙、師姐自覺的

成長，幾乎凡是走近他身邊的人都受到他的影響，但是大家卻又說不上來為什麼；金浩既非智慧大師，從來不曾給出智慧的語絲，也不是高尚的道德者，提供模範懿行當作典範；他和常人一樣怕死，一樣依賴著志工 SY 師姐的照顧。可是，金浩身邊的人卻領受到一種「金浩領域」所帶來的氛圍，深深地感動著，人們奔相走告，這到底是怎麼一回事？（余德慧 et al.，2006: 5）

余德慧回答是：

「聖世界」裡的歡樂並不是單純的歡樂，就像癌末處境的嘉年華會，並不是歡樂的單一層面，而是透過（令）深層的悲哀」才能襯托出嘉年華的氣氛；同時我們也在病房的處境看到悲傷孕育著快樂，或者快樂孕育著悲傷，但是，聖世界裡的情緒不會僅僅是由快樂與悲傷構成，有更多的隱藏性的失落與獲得、在與不在、你與我、

　　幸福與不幸，這些錯綜複雜的雙重情緒，
都悄悄地、弔詭的並存在聖世界裡頭。
（余德慧 et al.，2006: 31）

　　「聖境」或「聖世界」的情境顯示了自覺渺小、謙卑、敬畏、悲憫等情感，與「人雖有限但可無限」的儒家理念並不相違。無限心的理想固然區別了儒家與基督宗教對於人的刻劃，但對於謙卑、敬畏的描繪，在強調無限心被逼促而上達的力量源自人的有限性，並且這個有限性始終與無限心交融在一起。

　　外在環境激勵人的精神提升是我強調的主題，「聖境」或「聖世界」是提升所導往的極致境界。人在際遇的痛苦中自覺渺小與謙卑，從而淬礪出與提升到讓出空間的層次。如果這是人對於幸福匱乏感極大值的話，那麼基本上在私領域與公領域分別對於與自己或與他人和諧一致的匱乏感，所產生的敬畏提升了我們上達「讓出空間」的存有論層次。敬畏在公領域所具有的自我謙卑與尊重他人之情，宜抑制甚至取代集體之愛的民粹式情感，讓倫理與政治之間搭上了真正的橋梁。

　　當我們只以理性來建立公共空間，其中必要的
情感就被遮蓋了。這時集體之愛趁虛而入，佔據了
空缺的情感位置，但它不是建立公共空間所需要的
情感。集體之愛可從私領域帶入社會，但卻不宜自
我膨脹地帶入公共領域。我們要問，何以產生了這
種自我膨脹，以致民粹無法對於政治生活有所貢
獻？無論作為來自大地存有的一種情感生命，集體
之愛或是助長執政者的權勢，或是以群眾運動與執
政者對抗，都不宜忘記自己和持反對立場者常有著
共同的理想，而自己對於此理想的實現是力量有限
的，因而必須和反對者相互形構，進而協調合作。
若缺乏這種自覺，集體之愛就很容易無限上綱、自
我膨脹，逾越了本來可對於政治生活有所貢獻的位
置。

　　我們看到「愛臺灣」常被歷史悲情激發出來，
由於臺灣曾遭受侵凌，而當設定一個共同的加害者
對象時，可讓受害者以集體的情感凝聚起來，「愛
臺灣」是最容易被激發起的情感。歷史悲情來自回
憶，是屬於現成之物的再現。現成指的是歷史上的
存有事件，但歷史記憶容易為人扭曲，扭曲的動機
常出自情感的訴求，故客觀的歷史往往被主觀的情

感所設定，又常轉為對於所訴求情感的憑據。迄今仍爭議不休的 228 事件與蔣介石的功過，就始終無法從席捲在這歷史與情感的漩渦中跳脫出來。政治議題以外的社會民生議題也如此，核能、性別、環保等本訴諸於客觀的科學來評估，卻為情感因素所導向。我在這裡並非指責「愛臺灣」的情感常扭曲歷史或科學的客觀真理，更何況議題的正反兩方都常本著「愛臺灣」的情感而出發。我們還是要回到先前所說的「大地存有」與「文化世界」兩個層面來談：當政府透過促進轉型正義的機構或透過公投的程序來謀求對於上述的議題做決策，在政治生活中的行動是屬於文化世界的，不論在過程或結果中出現與使用的語言、概念、論述、法條都源自大地存有，它們是為了對於人與周遭人事物的生活關係得到暫時的依靠之故，因此隨時要接受同屬於臺灣這塊土地、但具差異性的人民所在的大地存有，以及其中所蘊含深邃與豐厚的情感生命來進行挑戰。臺灣這塊土地上的政治生活要允許「愛臺灣」的生命性與已建構的語言、論述、法律彼此形構、協調與合作。

　　具備這種素養的前提是自覺謙卑、有限與敬

畏，與彼此「讓出空間」。我們已將良知擴大解釋，更強調外在之善的匱乏所產生的良知召喚：這是良知從自我要求一致的對話，擴展到要求我與他人一致的召喚，因為運氣等涉及外在之善的因素也被納入我與他人一致的條件，人生的悲歡離合、哀樂相生，致使我們對於共同追求的理想心存敬畏之情。這種良知召喚是我們從私領域進入到公領域要突顯出來的。

　　另外，由於「愛臺灣」常源於歷史悲情，來自對於現成之物的回憶，故不論對於侵凌臺灣的加害者訴之以罪，或是由自己承擔罪責，以彌補曾經匱乏而傷痛的臺灣，這都是海德格所批評的屬於認識論的或流俗的良知：將產生罪責的對象視為現成的、可算計的，再將罪責與無罪責做結算以取得平衡。反之，存有論的良知從最大的存有訴求著眼，這是對於臺灣這塊土地人民之和諧一致的要求，或許更是對於臺灣自身與他者和諧一致的要求。若「他者」的範圍擴及於全世界，豈不是「世界大同」的理想成了這最大的存有可能性？鑑於從海德格強調的到來的最大存有可能，唐君毅所言的「把世界放在我之內看」，以及儒家的「先天下之憂而

憂」的悲憫情懷，從記憶的歷史悲情所激發的「愛
臺灣」情感必須被轉向。

　　在最後兩章，我再回到西方的哲學脈絡。主要
先從查哈威所討論的羞恥來呼應我對於內在與外在
羞恥結合的主張，再從柏瑞絲觀察基督教徒自我屈
辱以獲致神恩，對照唐君毅所論上達毀譽相忘的形
而上層次，以賦予存有論讓出空間的超越意涵，從
而更能顯示上述所提出的臺灣發展的最大可能性，
並非是空洞的理想，而是從至極的敬畏情感所逼促
出來的。

第十章
羞恥的自我省察
與社會性的綜合

　　鄂蘭說羞恥與榮譽分別在私領域與公共領域，但羞恥也可見於公共領域。要強調的是，對她而言內在善惡標準與其說為出自於外在榮辱的判斷所取代，不如說為外在榮辱的判斷所補充，以至於使之實在化。黑爾德繼而對於在私領域的畏怯強調了可通往公共領域之尊重的積極意義。進言之，若沒有尊重在先，就易導致羞恥的事發生。我們常對羞恥的事沒有先前察覺或防範，或也常明知故犯，如此導致自我羞恥的結果，可能顏面無光自絕於人，或是雪恥圖強奮發向上。雖然激發奮發向上的羞恥心具有積極的意義，但和事前防範羞恥而同樣具積極意義的畏怯與尊重有所不同。

　　與之對照，亞里斯多德那裡的 aidos 是事前為了提防羞恥而有的尊敬或敬畏之情，aischune 是對

於已發生之事感到羞恥，至於這是否產生積極的意義，可能未定。孟子的羞惡之心作為義的端緒，這表示羞惡猶如亞里斯多德的 aidos，有了畏怯或敬畏之情才會有正當的行為。荀子則以在社會中的尊榮為貴、受辱為恥，這是對於人處於社會現象的描述，而恥似乎只是對於人的負面評價而已。但他又說講究道義是榮譽的前提；整治身心，以禮儀法度之教來約束自己，才懂得羞恥。由之羞恥不是禮的前提，禮之教卻可啟發對羞恥的自覺，進而防止羞恥的事發生。

　　上述對於羞恥的一些見解，有強調羞恥與榮譽對立者，有指出羞恥的積極意義者，有將羞恥只置於私領域者，也有將羞恥同時從公私領域來看者。如前所言，本為政治層面重視來自外在的榮譽，經鄂蘭從自我對話的良知往公共性良知概念的擴展，而將內在與外在的羞恥心連結起來，從而榮譽的匱乏也是良知的匱乏，對它的自覺也可說是本為內在羞恥感的實在化。我即是從這觀點將顧及外在的榮譽與自覺內在的善惡結合起來。我們再回顧，荀子雖較孟子重視來自外在的榮辱，但並沒有忽略個人的道德儀禮為尚，以及對於榮辱訴諸於善惡自覺的

要求；但是這樣的結合並不能適用於多元性的社群。至於安靖如與唐君毅則提供了儒家往公共領域去推展的可能，他們觸及到可和羞恥關連的討論，皆重視外在之善的問題，但保住儒家聖境的理想。

這些見解顯示，**來自外在的榮辱要往來自內在的良知去深化，本為自覺的榮辱也要往顧及外在的榮辱去擴展**。但當外在之善的問題，特別是悲劇的運氣介入其中時，不論個人或群體經過痛苦的淬鍊，激發出良知與羞恥之心靈深處更有著自我謙卑下的敬畏之情，我們才能提升至「讓出空間」的存有論層次。在這裡我則理解為**榮辱之心從內在往外在，當觸及到超越的悲劇命運時，反而再往內激發出敬畏的力量**。與這幾個面向或層次相對照，若只體會羞恥為名聲的敗壞，既未能體會羞恥為良知匱乏的自覺，更未能體會面對超越者的自我謙卑之真實情感，那麼在榮辱之事介入一個社群時，當集體之愛成為反彈或反制的力量時，更容易自我膨脹至公共領域去。

羞恥究為社會脈絡的外在因素，或是良知自覺的內在因素？這個問題也為查哈威所關注，雖然他主要以羞恥的議題作為討論自我與他者關係的一個

實例。就關連著我們之前與之後還要討論的問題而言，我整理出他對於羞恥論述的幾個要點如下：1. 究竟羞恥需要的只是自我意識，羞恥只是對自己揭露，或是需要他人的眼光，對他人揭露呢？2. 其中揭露的究是自我道德的缺失或是非關於道德的自身缺陷？3. 羞恥是負面的還是正面的情感？4. 羞恥與屈辱（humiliation）的關係如何？

　　針對1，查哈威認為羞恥是個人性與社會性的綜合問題，但社會性方面指的並非鑑於真實的他人的眼光，而是一個想像的他者。就像沙特（Jean-Paul Sartre）所主張的，羞恥是他人介入的自我關係（self-relation），他人介入不表示有真實他人的在場；但他人介入的自我關係不表示是一種反思的，而是前反思的（pre-reflective）自我意識。在自我的心靈深處始終有個他人在觀看著我，這表示自我本身的社會性，即使是潛在的。若單單就自我意識的構成來說，對沙特而言，它需要他人作為其可能存在的條件：人不只是自存自足的「在己」（in-itself），更可想像為不同角色而成「為己」（for-itself），但在為「他者」（for-other）之下才再能反思地「為我」（for-me）。羞恥就是必須

有他人共構的自我意識的一種情感（Zahavi, 2016:
212-213）。

　　針對 2，查哈威認為羞恥不是因為違反道德或
違反習俗而已，它也可能是非道德的，例如對於沒
有做出行為就已存在的身障或血統、膚色方面感到
羞恥。他贊同羞恥是一種對於自尊、自重受到減損
的感受（Zahavi, 2016: 210）。

　　針對 3，查哈威似乎沒有定論羞恥應是負面的
或是正面的情感，但提到了例如斯特勞思（Erwin
Straus）與謝勒皆正面地看待羞恥。他們皆指出
類似我們之前所區分的回顧與前瞻兩種羞恥：斯
特勞思將羞恥區分為防止的（protective）與遮掩
的（concealing）兩種形式，就有前瞻的意味。謝
勒也區別了預期的與防止的羞恥（anticipating and
protecting shame），以及和贖罪有關的羞恥，顯
然這分別是前瞻與回顧的。他們這樣看的羞恥較
和道德、甚至神學的背景有關（Zahavi, 2016: 214-
215）。謝勒將羞恥的敏感連結到良知的萌現，而這
有著聖經創世紀的神學背景。

　　針對 4，查哈威既然認為羞恥不只是個人的反
思問題，故反對一個人只有在無法達成其自律標準

時才會感到羞恥。鑑於羞恥是即便在非真實他人的
眼光前的感受，查哈威認為關鍵在於是否認可他人
本身或認可他人對於自己的評價。即使我不認可他
人的評價，但他是我所尊重的人，這時我或會感覺
羞恥；若我反對他人的評價，並且他不是我尊重的
人，雖然因自我認同未受損而不感到羞恥，卻因地
位被蔑視會感到受屈辱，雖然受屈辱有時也會引起
羞恥。例如一位被性侵者不認同加害者本人與其行
為，本不會以此為羞恥，但對自己地位被蔑視而感
受屈辱。隨後的羞恥感往往因為旁人異樣的眼光所
致。故感覺蔑視與羞恥的區別就嚴格的意義來看
是：前者是地位受損，後者是自我認同受損。雖然
蔑視不排斥羞恥的可能。查哈威這種分法值得我們
注意（Zahavi, 2016: 227-228）[1]。

　　承上面幾點，查哈威贊同羞恥是他人共構之自

1.　也可參考瑪莎・納思邦著，方佳俊譯，《逃避人性：噁
　　心、羞恥與法律》（臺北：商周出版公司，2007 年）中對
　　於羞恥與屈辱的區別：「羞恥似乎是較寬廣的概念，可能包
　　括某些可以被正當化的道德批判〔……〕，也包括一些較輕
　　微的案例，亦即不會侮辱到個人人性的例子。屈辱則通常涉
　　及陳述，指稱某人是低劣的，其人類尊嚴與其他人不相等之
　　類。」（頁 313）

我意識的一種情感，這個說法可以呼應並進一步說
明我之前對鄂蘭所觀察的：內在善惡的標準為出自
於外在之判斷所補充、所實在化。鄂蘭在解讀人格
為世界舞台上扮演不同角色之餘，仍承認背後有個
同一性自我。我曾以人格是自我的實在化，自我所
表示的「誰」似乎隨時提醒著榮辱不只是外在的
事，也是內在的要求。雖然也因實在化的榮辱受制
於他人的評斷，甚至他人的評斷會影響原先自我的
評斷。這訴諸於公共性才具實在性，以至於強調他
人對我評斷的重要性的立場，異於查哈威將羞恥歸
於和他人的共構，甚至以為他人對我而言更在反思
之前已出現的見解。鄂蘭將傳統的良知實在化時，
良知成為對自己與他人和諧一致訴求的召喚，故本
為自我一致的匱乏擴展為人與人和諧一致的匱乏，
從而產生的羞恥、畏怯之情。當要求自我實在化
時，他者與我的關係被要求與浮現出來。查哈威則
鑑於自我意識要以他人對我關涉的前反思狀態為前
提，從而將羞恥視為內在與外在的綜合。二者有殊
途同歸之處。

　　若以鄂蘭強調塵世性的神學的角度來理解，那
麼當她以為羞恥是私密性時，是站在個人信仰上帝

的立場，故羞恥是從上帝的眼光來看的。她鑑於公共領域談的榮譽，是從取代了上帝的世界中眾人的眼光來看的。但她提到羞恥心可能出現在公共領域，就表示它也會出現在世界中眾人的眼光前。從上帝的眼光來看的榮辱是私密的，從眾人的眼光來看的榮辱是公開的。鄂蘭並沒有否定私密性的榮辱，但它要靠公開的榮辱來補充從而實在化。

　　前面唐君毅提供的對於毀譽最好的心理動機說明，以及他之「把世界放在我之內看」的要求，則有助於我們去理解如何將他人納入自己，包括將公開的榮辱納入私密的榮辱之內。而唐君毅所訴求之對於毀譽兩相忘的人間世的形而上世界，以及所關連的哀樂相生的聖境，更能激發我們謙卑與敬畏之情，從而避免集體之愛，以及相伴而生的「集體之恨」支配我們直到共同體的生活。這是我在下一節借用無恥的弔詭性問題要提出來討論的，而先要涉及到上面所整理的查哈威第 3 與 4 要點。

第十一章
從羞恥的自我屈辱
對於「讓出空間」的解析

　　羞恥具有正面的意義，而這正面性卻可從羞恥深化的畏怯、敬畏之情激發出來。我之前指出有在傳統的良知上自我不一致的，與在鄂蘭擴展的良知上自我與他人不一致的匱乏所感受的不安甚至痛苦。查哈威曾就謝勒與娜絲寶指出，自我期待落空，自我渴望達成的目標與對自身的有限與無助產生張力，是羞恥產生的原因（Zahavi, 2016: 215-216）[1]。這樣的羞恥固然可激發正面力量，但若就謝勒將羞恥連接到宗教上的贖罪意識，以上帝眼光來看的良知之萌發，可能激發出更強烈的正面力

---

1. 這裡再補充娜絲寶的說法：「因為羞恥涉及一個人期待自己在某些方面具有適足的能力，但是事實上他卻是虛弱與不適足的。所以他的反應是躲開那些會看見他缺陷的眼睛，並掩飾缺陷。」（納思邦，2007: 282-283）

量。我進一步強調，對自律的期待落空，並感到自身的有限與無助，再加上為悲劇運氣所衝擊，尤會讓人覺得無奈。惟在對這種自覺之下，再顧及他人的眼光，以致所形成的內在與外在雙重羞恥與敬畏感會更助長正面力量的生成。這個觀點不是先前我從外在往內在去自省以強化出力量，而是從內在往外在，再激發出內在的力量來思考的。

查哈威提到羞恥與屈辱的差別，在於人整個自我認同或是整個地位遭受損害或蔑視所產生出的不同情感。但柏瑞絲將羞恥的極致理解為自我屈辱，試圖從中解析出正面的、具創造性的心靈力量。她這種從內在往外在，再強化內在的力量是從基督宗教的歷史景象來觀察的。

她在《守住羞恥：烈士、聖徒與其他悲慘的主體》（*Saving Shame: Martyrs, Saints, and Other Abject Subjects*）回顧了羞恥從西方古希臘、羅馬、基督宗教，到當代的美國社會中的意涵，在歷史中印證並期待羞恥感淬礪出一種積極的生活走向。

柏瑞絲首先說，羞恥是讓公與私、內心與外在世界在主體的範圍內相逢，這時臉部常向外反映出自己察覺到做了可能公諸於世的羞恥之事。shame

的字源 skem- 意味著 covering，因為臉由皮膚所遮蓋，故羞恥和臉皮的厚薄有關，臉皮厚的正是對於公諸於世的羞恥無所察覺。相反的，「羞恥是主體在其臉皮薄的範圍內所表現之處。」（Burrus, 2008: 2）若對於暴露無所察覺或覺得無所謂，這就是所謂的無恥（shamelessness）。柏瑞絲要揭示羞恥與無恥之間的弔詭性及其引發的問題。

　　她從無恥本身蘊含著一種欲拒還迎的弔詭性出發來談，主要是針對如果某人在被羞辱中勇於暴露自己，就是對於自己被羞辱的羞辱。這樣將羞恥無恥地暴露於外，或在無恥中反映了自我屈辱，卻可將無恥轉化為：對於人之有限性與脆弱性在淒美中仍帶反抗性的接受。她引用威廉姆斯（Bernard Williams）所說的：「（我們感覺到）被羞辱，因為我們已在輕蔑中淪於對於我們有所期許的匱乏。」（Burrus, 2008: 3）在表示對於匱乏的自覺即是承認自我有限性與脆弱性，但對於有限性的承認，卻可強化人對於所期許對象的敬畏之情，從而激發心靈的創造力。她觀察古希臘常以榮譽對照出被負面相待的羞恥，在羅馬的基督教裡卻轉為可激發出創造力的正面性羞恥，但這要藉助上述這種無

恥的弔詭性來理解。

柏瑞絲回顧在研究基督教文化中，學者曾鑑於近代以理性主體的罪責或良知做道德審判的標準，而指出羅馬基督教不再以榮耀與羞恥為倫理判斷的依據。但她認為近來研究新約聖經的學者們主張古代的基督教徒仍是處在榮譽與羞恥具關鍵性價值的文化中（Burrus, 2008: 5）。她認為當時基督教徒一方面看重羞恥，且懷著一種不羞見於人的羞恥心；另一方面他們卻勇於接受被政治迫害所遭受的羞恥，以表示對於政治與主流文化的抗議。但在這種極盡自我屈辱之能事中，基督教徒卻獲得來自上帝恩典的喜悅（Burrus, 2008: 7-8）。

感受羞恥，且將羞恥暴露於外的自我屈辱，換得了從上帝的恩典中得到的榮譽與喜悅，這種生活方式和我之前強調的自我謙卑、讓出空間，作為存有論的公共空間是否相關？基督教所示的在極其卑微下的羞恥反可激發心靈的創造性，這樣的羞恥心是否助益於政治文化呢？柏瑞絲舉了娜絲寶與肯堡（Roger Kimball）的極端例子：娜絲寶主張作為屈辱（humiliation）與汙名化（stigmatization）的羞恥不宜置於政治的論述與法律的執行上，肯堡主張要

重新培養失去的羞恥心，以恢復我們集體的德性能力（Burrus, 2008: 148）。

　　一般來說，主張羞恥不在公共領域中佔有正面地位的，主要基於公共領域要以法律的公正性來維持，這個公正性必須漠視人的特殊性與差異性，而讓特殊性只保留在私領域裡。一旦特殊性暴露於外，進入公共領域，就難免因汙名化而導致個人的羞恥感。娜絲寶為了人的尊嚴，對於罪犯也防止其特殊性暴露於外而造成羞恥。其實她反對的是回歸到嬰兒自戀（narcissism）而遭遇挫折，所引發的「原始羞恥」（primitive shame）（Nussbaum, 2004: 184 ／納思邦，2007: 284-285）。相反的，若我們將他人因為缺陷而造成羞恥視為自己也有責任的事，那麼就不會主張「羞恥罰」（shaming penalties），去單方屈辱罪犯，而是同感於羞愧，因為我們承認「現實人格與跨政治陣營所廣泛共享的理想，有著明顯的不一致」，並且因為「全人類共享的普遍脆弱性」（Nussbaum, 2004: 212-213 ／納思邦，2007: 325）。而它之所以是「建設性的羞恥」（constructive shame），因為促使我們反省：「成為一個成熟的人，有一部分就是接受自己『道

德上』的不完美，並承認自己追求價值之個人理想
（包括道德理想）的努力還可以藉著他人的洞察
而更進一步。」（Nussbaum, 2004: 215-216 ／納思
邦，2007: 329）「建設性的羞恥」如同之前洛克的
「健康的羞恥」。娜絲寶與洛克皆以為主流與非主
流要知道共同面對著一個超越他們現實的理想，對
之要表示謙卑，並因而彼此尊重（安靖如也有類似
的想法）。故從娜絲寶的觀點也可以開展我最後從
敬畏、尊重的情感再去連結到政治的問題。

　　主張羞恥在公共領域中具有正面性的，如肯
堡提倡羞恥心是恢復我們集體德性能力的條件
（Burrus, 2008: 148），這有如儒家的羞惡是正當
行為的條件的說法，亦如亞里斯多德將羞恥視為可
促成真正德性的半德性。但他主張羞恥罰，未明言
是否因此促成與政治相關的尊重德性，以及更根本
的謙卑、敬畏等等情感。他也忽略了娜絲寶提出的
「建設性羞恥」正可促成我們每個人謙卑與彼此尊
重。

　　柏瑞絲續對於美國做了和羅馬時代具有類似情
況的觀察：過去古希臘重視外在之榮譽與羞恥的社
會風氣在羅馬時代有了改變，因為社會漸形複雜，

羞恥行為的標準莫衷一是，人們轉而尋求對於榮譽的自我意識方式，榮譽就漸獨立於羞恥，不再與之對立。目前美國的羞恥行為標準也呈現多元複雜性，像是刺青，傳統上被視為汙名化的行為現在被自願地從事並暴露出來；故過去對於道德──特別是為政治所主導的──價值做單一與普遍的界定，必須讓位給在變動中各種差異性間彼此的回應。另一方面，在當今如此文化多元的社會裡，標示出特殊性與差異性的記號多少沾有汙名性，而我們是如此脆弱地常易彼此羞辱。因而，此時是否也要像羅馬基督教一樣，經過無恥的弔詭性讓心靈得到創造性的轉化（Burrus, 2008: 151）？

　　對柏瑞絲而言，這個弔詭性即是個人的特殊性暴露於外所造成的羞恥不退縮回私領域，反而無恥地勇於暴露出來；這是對於自己被羞辱的羞辱，或進一步的自我屈辱；尤其自我屈辱更是對於羞辱自己的他人、眾人或政治勢力的羞辱，是對於建立在無差別性對待的正義政治的對抗。因為這種政治強迫著特殊的個人，或對於主流政治反抗的異端，退回到自己的私領域去。但在勇於暴露與承認自己特殊性的多元社會，原先基於法律之前人人平等的正

義，如何能在保障多元性個體之下，依然在公共
領域裡扮演著重要角色？[2] 柏瑞絲認為在面對私與
公、差異與平等互為競爭所導致的模糊邊界，正義
要表現得更為謙卑（Burrus, 2008: 151）。本來一
視同仁的正義對於多元與差異的公共性顯得無以為
力，但無恥的弔詭性卻對於心靈產生創造性的轉
化，這指的是愛的力量被逼促出來，以輔助正義
（Burrus, 2008: 152-153）。

---

2. 或如洛克所問的：政治正義的理念如何為社會轉換開放其大
   門？（p. 12）一般人會認為公共領域的價值基礎即是正義。
   值得玩味的是，羅爾斯的《正義論》裡的正義原則：稱為立
   約者無知之幕（veil of ignorance），以及互不關心（mutual
   disinterest）的原初立場（the original position），似乎可比之
   於存有論層次的「讓出空間」。戴華即強調原初立場（他稱
   為最初地位）的「道德人」為「本體我」而非「現象我」，
   以至於羅爾斯以自由主義的立場來理解的自我因脫離了具體
   世界，故和對羅爾斯批評的社群主義者如沈岱爾所處的層次
   不相同（戴華，〈個人與社會主義：探討羅爾斯正義理論的
   「道德人」〉（收錄於戴華、鄭曉時主編，《正義及其相關
   問題》〔臺北：中央研究院中山人文社會科學研究所，1993
   年〕，頁 257-280）。但可進一步思考的是，羅爾斯的「最
   初立場」是否更以「讓出空間」為基礎？當我強調存有論與
   存有者公共空間雖不同但不分離，是否讓羅爾屬本體我的道
   德人和社群主義從現象我來看的與具體世界關連的社群我，
   處於雖不同但不分離的關係呢？而這是否正可讓自由主義與
   社群主義做一結合？本書企圖從鄂蘭來看這個可能性，也就
   是從良知與羞恥的議題來做論述。

　　依我之見，過去基督教徒將被視為異端而受屈辱的自我勇於對主流政治暴露，當今每個人將輕易被汙名化之具差異性的自我勇於向他人暴露，他們其實更將自己與他者——包括主流政治，原先各自被劃定在私領域與公領域的主體——共同暴露在上帝或整個存有歷史之下。暴露意味著將自己與他者共同表白於一個超越者之下，自我屈辱最終是對於超越者的卑躬屈膝。惟在承認自我的有限渺小之下，才可獲得神恩的眷愛，讓自己也油然而生對他者的愛；或因心存謙卑，而去尊重同時也是有限的他者。愛或尊重是人們在遭受羞恥、自我屈辱後激發出的創造性心靈力量。它們正是對於正義的補充，正義要謙卑得讓愛與尊重之力量足以進來。

　　這有如呂格爾所言：「比不正義更壞的是一個人自己的正義。（Worse than injustice is one's own justice.）」（Ricœur, 1974: 438）因為正義不夠謙卑。故他在〈愛與正義〉本於基督宗教，將愛去補充正義（Ricœur, 1996: 33-34）。柏瑞絲有著基督教的背景，她也應是欲將基督教的愛在公共領域裡去佔一席地位，而這是從無恥的弔詭性開展出來的論述。

藉著柏瑞絲的談論，我並不旨在提出基督教的愛助益於公共領域的建立，而有別於鄂蘭的觀點。我的重點在指出無恥的弔詭性將自我恥辱極大化，它固可在基督教徒身上獲得神恩的眷顧，但對於一般人而言，自我屈辱即是對於悲劇運氣的承擔。羅馬政權迫害基督徒的二元對立演變到當代的多元社會，現今人們的差異與特殊性錯綜複雜，彼此互貼標籤的對立狀態頻繁可見。在無法輕易隱藏彼此間的汙名化與羞恥之下，正義無法滿足人們在公共領域中的生活，那麼勇於暴露自己的羞辱，公開揭示自己的卑微與痛苦，反可激發出創造的心靈力量，愛或尊重就是在對於正義做補充。

我強調過，受辱者的自我屈辱讓羞辱者也感到羞恥，受辱與羞辱者有如過去共同在上帝之下，而現今面對悲劇運氣，彼此暴露自己的羞恥，進而可顯示彼此的敬畏與尊重。這猶如在唐君毅所說的形而上的人我之統一層次，讓人們相忘於屬於俗情世間的毀譽，以及在存有論的「讓出空間」制高點上，讓彼此尊重相望。「讓出空間」的意涵從極大的羞恥感向上提升出來，這不只見於基督宗教，也見於唐君毅的儒家立場。

如果我們將對於菁英或體制抗命的民粹運動視為將私領域帶入社會的區別對待性的暴露，因抗命者常被視為無恥，故他（她）們表現出勇於暴露自我羞恥於社會運動中。其實抗命之舉不只是發生在庶民身上，也常表現在任何社群團體內部，而多是涉及少數不願受制於多數的議決所做的對抗，這在經濟、性別、族群、職業、階級等弱勢一方常會發生。但抗命而自暴羞恥的目的是進入到基本上建立在人與人平等相待、以致可互相連結的公共領域。總的來說，抗命者是對於既有法律來維繫各個團體內部平等正義的作為不滿，鑑於體制內無法循序解決，而訴諸於社會運動。社會是從私領域往公領域的過渡，它是從保持私人差異性但具生命性的大地存有，往以法律維繫的文化世界的過渡，故要讓法律隨時獲得生命的泉源與意義，這是前面彭麗君順著鄂蘭所說的 nomos 要從 lex 取得意義的補充。

我在前面強調抗命者與體制維護者要面對作為共同理想的超越者而敬畏與彼此「讓出空間」，超越者也是一個以法律來維繫的理想的公共領域，但在此理想面前雙方應暴露其有限性，彼此勇於表露對於此理想未能達成的羞恥、敬畏，而非單方面自

戀式的以自我完美自居而只以對方為羞恥。應該彼此暴露的是「建設性的羞恥」或「健康的羞恥」。

在從私領域經由社會往公共領域建立的過程中，抗命者與體制維護者欲鞏固自身的團結力量常訴諸集體之愛，這個集體不只是雙方本身，更是雙方共在且包括對抗之外的成員，故集體之愛的訴求是能獲取第三者的共鳴與支持，以加持己方的力量。我愛自己、愛家庭、愛社區、愛學校、愛鄉鎮、愛國家……，若以我（們）抗爭的是為愛這些之故，這也無可厚非。但愛的對象常對立於非愛的對象，當愛的對象彼此排擠時，更會形成愛的雙方彼此仇恨，除非愛國更是譬如為了「世界大同」的理想。這種有差異與分彼此的情感，只能從私領域帶入社會，而不宜被帶入公共領域，故集體之愛不能作為共同的理想，也不能作為通往共同理想的條件。相反的，要對集體之愛抑制，才能通往共同的理想，抑制集體之愛卻是依靠羞恥、敬畏，以及「讓出空間」。

結語

　　我在前言鑑於彭麗君所警示的：「本土情感易於被仇外的意識形態所用」，提到臺灣的政治人物是否常為了自身或政黨利益而利用這個仇外的意識形態，並指出針對政治人物的素質問題更應就羞恥來省察，但本書至此並未直接對此談論。的確，羞恥對於公共空間建立的重要性常見於政治人物對於政治責任與道德責任的承擔上面，而我們強調內在良知自覺與外在他人的眼光要並重，事實上已將道德的意義擴延到政治的意義去，猶如鄂蘭對於道德建立在公共性的基礎之上。故對於政治人物而言，道德責任與政治責任要相提並論。

　　當今建立在外在的榮辱很容易為媒體所操縱，如當一個政治人物失職而理應承當政治責任而辭職時，若只顧及眾人的眼光，那麼這個眼光很容易為該政治人物所操縱，致使眾人對該政治人物對此負責的評價改變，也將他可進而自省的羞恥心掩飾而

去。政治人物的內在羞恥心的確需要增強，我們也常不解為何和韓國與日本相比，臺灣的政治人物較為缺乏內在的羞恥心。故當務之急是如何加強**從外向內**之羞恥心的培養，這指的是內在良知自覺到的羞恥。前面指出西方對於從外在榮辱的羞恥轉為內在道德自覺的羞恥、孟子的羞惡四端說、查哈威指出的一些較強調內在性的羞恥等等就是在強調這個面向。這是從政治責任內化到道德責任。

查哈威將內在與外在的羞恥結合在一起，自有他對於自我概念本身蘊含社會性的詮釋考量。我強調內在與外在羞恥的結合，是著眼於公共領域的建立。故內在的道德自覺就需擴展至鄂蘭所開展的良知的自覺，即察覺自己是否促成不只自己與自己，更包括與他人的和諧一致，甚至前者要以後者為尚。我曾指出鄂蘭將原本自我涉及的良知顯示出來做了實在化，他人的評價成了重要的指標。故這裡又可說是強化**從內到外**的羞恥心。鑑於此，身為一個政治人物，就應察覺自己的職務是否對於此和諧一致有所負責，而若在這方面有所缺失，就應該感覺到羞恥。這是從道德責任外化到政治責任。

無法達成自律標準與無法盡到維護人與人的和

諧一致，這種匱乏感之前為我作為價值的根源來討論，現在更具體地讓羞恥感成為公私領域中價值形成的根源，而且就公共領域來說即是民主政治形成的根源。羞恥心——特別是再深化為畏怯、敬畏、尊重之情——原本可成為整個公共空間建立的積極力量，這些屬於倫理層面的情感因素與政治不能分開，但卻易於被集體之愛的自我膨脹所獨佔，而落入民粹主義的陷阱。

　　針對從羞恥深化出的自覺渺小與謙卑之感，我們從黑爾德、洛克、安靖如、唐君毅、余德慧、娜絲寶那裡皆看到類似的觀點，最後在柏瑞絲提出的「無恥的弔詭性」概念中又獲得另外的見解：從羅馬基督教徒與主流政治的兩極端價值，到現代社會多元價值間的彼此差異，被汙名化而遭受羞辱的個人，若反而向公共性暴露其欲被壓制的獨特自我，雖然是自曝其短，但深入來看是公然的表白與承認匱乏的自我。如此當基督徒面對上帝自覺渺小無助，猶如過去的亞當與夏娃在伊甸園因偷食禁果而在上帝面前覺得羞恥、畏怯。故柏瑞絲認為人要重回與上帝的連結，前提即是在上帝面前的卑躬屈膝，人們因此得到神恩。

面對現代，柏瑞絲問愛是什麼？愛如何可能？以為愛在目前源起於正義之不足以在公共領域裡扮演唯一的角色，愛遂是對正義的補充。若我們不從柏瑞絲的基督宗教背景與觀點來解析羞恥中的謙卑與敬重意涵，而是從外在之善與運氣的問題去強調謙卑之真實情感的激發，這和柏瑞絲的論述實有殊途同歸之處。這裡的論述就呈現我最後對於羞恥概念最大的深化：**從內到外再往內**的羞恥心。此即從自我到與他人和諧一致的匱乏，進而察覺外在之善的問題，特別包括共同理想、上帝與命運。而當我們面對這些超越我們能力之上的外在時，反能因為深覺渺小謙卑而激發了更深刻的內在力量。

我再將本書的大意綜述一下：

我先從海德格的匱乏概念討論出價值的根源，並嘗試指出他對於真善美聖與科技的價值如何看待，但批評他少了以公共空間為價值基礎的論點，在此就轉向鄂蘭的觀點，同樣的去看她如何賦予真善美聖、科技等價值。在這個論述過程中，我引出了為海德格與鄂蘭所重視的運氣或命運概念，同時闡釋海德格的「讓出空間」概念傳承給鄂蘭作為其公共空間的存有論基礎。接著我開始對於臺灣的民

主價值提出反省，從鄂蘭觀點評論與集體之愛息息
相關的民粹主義，指出倫理情感在政治領域中仍佔
有重要地位，但集體之愛應為羞恥、畏怯、敬畏之
情所抑制。

　　我解釋了鄂蘭、黑爾德所使用的羞恥或畏怯的
概念，回溯古希臘與亞理斯多德區別的具敬畏意義
的前瞻性羞恥與具罪責意義的回顧性羞恥。我亦一
方面區別內在自覺的羞恥與外在顧及他人眼光的羞
恥，從而關連到華人文化的孟子與荀子對於羞恥及
榮辱理解的異同。我深入去看孟荀是否也顧及亞里
斯多德啟示予我們的外在之善，特別是悲劇的運氣
方面。我將安靖如思想帶入，是在表示儒家裡內聖
到外王的討論，不應只重視內在之善，更要重視外
在之善，包括運氣方面。這方面所激起的情感也為
安靖如視為公共領域建立的條件，亦即不受壓迫的
尊敬；他從憂患意識強調悲劇命運通往聖境的可
能，亦表示所激發情感的積極作用。唐君毅以精神
提煉上達人我相通的儒家思想，有助於我們去理解
自我如何推展到他人，私己如何將公共納為己身的
志業，特別是在如我所提的「讓出空間」存有論層
次，如何進一步可讓人與人間的毀譽兩相忘，從而

讓我們審思：「集體之愛」可能招致的「集體之恨」是否也在這個制高點上彼此相忘。這個制高點的上達正可從柏瑞絲對於無恥的弔詭性的論述來呼應。

我在結語開始是將羞恥從政治人物的道德與政治責任來談，強調不只對於內在道德，也要對於外在顧及他人的匱乏而感覺羞恥。這裡更強調悲劇命運不論透過內在道德自覺或外在與他人和諧問題所產生的匱乏感，所激發的羞恥感毋寧是一種敬畏，是屬於前瞻性的羞恥。不能掌控的運氣是彼此互感羞辱與暴露的超越者，它激發了人們自覺渺小、謙卑與彼此尊重。因而真正「讓出空間」的是在無形與有形的公共空間生活的你我之上的超越者。「讓出空間」作為公共空間的存有論基礎，但與公共空間不相分離，它是既超越又內在的。

經此，良知是從本真的此有、存有，進而為存有生命史向我們的召喚，從自我一致、我與他人一致，進而為整個世界的和諧一致對我們要求，這個被海德格稱為最大的存有可能的某某最終擺脫不了存有命運的掌控。在它們向我們召喚、要求、掌控之下，我們是自覺匱乏的；當我們尚不能呼應它們

的召喚、要求，則對自我與他人而言是感到羞恥與
敬畏的。我們最終面對的是共同超越於我們之上的
存有命運，它內化基督教的上帝，包攝哀樂相生的
聖境。任何包括公私領域的技藝活動將面對它而抱
持敬畏，從而每個人必得自覺渺小、謙卑，與彼此
尊重。就公共領域而言，它們必須抑制從私領域而
來的民粹式集體之愛，才能開展與落實為民主政治
不宜分開的倫理性；它們是就情感層面來看的公共
空間的存有者基礎，與之區別但不可分離的是作為
公共空間存有論基礎的「讓出空間」。

參考資料

王堃，〈反向坎陷：當代儒家政治哲學的一種方法 —— 評安
　　靖如的「進步儒學」〉，《煙台大學學報（哲學社會科
　　學版）》，第 27 卷第 1 期，2014 年，頁 17-24。

王云萍，〈儒家倫理與情感〉，《哲學研究》，2007 年第 3
　　期，頁 86-93。

王先謙，《荀子集解》（臺北：文光圖書公司，1974 年）。

安靖如著，黃金榮、黃斌譯，《人權與中國思想：一種跨文
　　化的探索》（北京：中國人民大學出版社，2012 年）。

安靖如著，韓華譯，《當代儒家政治哲學：進步儒學發凡》
　　（江西：人民出版社，2015 年）。

朱建民，〈由儒家觀點論西方環境倫理學人類中心主義與自
　　然中心主義的對立〉，《鵝湖學誌》，第 25 期，2000
　　年，頁 1-40。

朱熹，《四書集註》（臺北：世界書局，1973 年）。

牟宗三，《政道與治道》（臺北：廣文書局，1994 年）。

吉姆・度法、蘿拉蓓・蕊思著，黃素菲譯，《敘事治療三幕
　　劇》（臺北：心靈工作坊，2016 年）。

余紀元，《德性之境：孔子與亞里是多德的倫理學》（北
　　京：中國人民大學出版社，2003 年）。

余德慧，《詮釋現象心理學》（臺北：會形文化事業有限公
　　司，1998 年）。

余德慧、石世明、夏淑怡，〈探討癌末處境「聖世界」的形
　　成〉，《生死學研究》，第 3 期，嘉義：南華大學人文

學院，2006 年，頁 1-58。

克勞斯・黑爾德著，孫周興編，倪梁康等譯，《世界現象學》（臺北：左岸文化，2004 年）。

李明輝，《儒家視野下的政治思想》（臺北：臺灣大學出版社，2005 年）。

李明輝，〈康德論德行義務：兼論麥金泰爾對康德倫理學的批評〉，《歐美研究》，第 46 卷第 2 期，2016 年，頁 211-241。

李明輝，〈從康德的實踐哲學論王陽明的「知行合一」說〉，《儒家與康德》（增訂版）（臺北：聯經出版有限公司，2018 年），頁 199-231。

汪文聖，〈生活世界中信度、效度與價值的可能性條件：對精神病學方法的哲學性反思〉，《應用心理研究》，第 29 期，2006 年，頁 101-129。

亞里斯多德著，崔延強、嚴一譯，《修辭學》，收錄於《論詩：附修辭術、亞歷山大修辭學》（臺北：慧明文化，2001 年），頁 65-280。

林月惠，〈陽明與陽明後學的良知概念 —— 從耿寧《論王陽明良知概念的演變及其雙義性》談起〉，《哲學分析》，第 5 卷第 4 期，2014 年，頁 3-22。

林淑芬，〈「人民」作主？民粹主義、人民〉，殷海光基金會主編，《自由主義與新世紀臺灣》（臺北：允晨文化有限公司，2007 年），頁 215-254。

唐君毅，《人生之體驗續編》，《唐君毅全集》卷三之一（臺北：臺灣學生書局，1996 年）。

耿寧，〈論王陽明良知概念的演變及其雙義性〉，《鵝湖學誌》，第 15 期，1995 年，頁 71-92。

孫煜菁，《一雙筷子》（2014 年）。https://www.youtube.com/watch?v=mfPccUv3ZlQ

馬寅卯，〈道德價值與道德運氣〉，《哲學研究》，第 7

期，2020 年，頁 44-45。

康培莊，〈民粹主義侵蝕臺灣政治？〉，《全球政治評論》，第 51 期，2015 年，頁 1-8。

曾柏文，〈從太陽花到 2020 年臺灣大選：時代結構、政治軸線與民粹起落〉，《二十一世紀評論》（2020 年），頁 4-17。

黃光國，《民粹亡臺論》（臺北：商周出版公司，2003 年）。

張佑宗，〈搜尋臺灣民粹式民主的群眾基礎〉，《臺灣社會研究季刊》，第 75 期，2009 年，85-113。

張偉，《質料先天與人格生成：對舍勒現象學的質料價值倫理學的重構》（臺北：政大出版社，2013 年）。

張鼎國著，汪文聖、洪世謙主編，《詮釋與實踐》（臺北：政大出版社，2011 年）。

彭麗君著，李祖喬譯，《民現：在後佔領時代思考城市民主》（香港：手民出版社，2020 年）。

賈佳，〈「道德運氣」問題與道德哲學的當代展 —— 基於伯納德威廉斯的批判性立場〉，《廣西師範大學學報：哲學社會科學版》，第 54 卷第 4 期，2018 年，頁 43-48。

黃昱珽、蔡瑞明，〈晚近臺灣民粹主義的發展：「人民」與「他者」想像的形成〉，《思與言》，第 53 卷第 3 期，2015 年，頁 127-163。

瑪莎・納思邦著，方佳俊譯，《逃避人性：噁心、羞恥與法律》（臺北：商周出版社，2007 年）。

劉紀蕙，《一分為二：現代中國政治思想的哲學考掘學》（臺北：聯經出版有限公司，2020 年）。

賴柯助，〈王陽明良知內在論的建構定位：以「知行合一」說為核心〉，《國立政治大學哲學學報》，第 44 期，2020 年，頁 1-66。

錢永祥，《動情的理性：政治哲學作為道德實踐》（臺北：聯經出版有限公司，2014 年）。

龍應台，〈你要我愛什麼？〉，刊於《天下雜誌》，第 592
　　期，2016 年。

戴華，〈個人與社會主義：探討羅爾斯正義理論的「道德
　　人」〉，戴華、鄭曉時主編，《正義及其相關問題》
　　（臺北：中央研究院中山人文社會科學研究所，1993
　　年），頁 257-280。

釋昭慧，〈佛法與生態哲學〉，《哲學雜誌》，第 30 期，
　　1999 年，頁 46-63。

Angle, Stephen C. *Human Rights and Chinese Thought: A Cross-
　　Cultural Inquiry*. New York: Cambridge University Press,
　　2002.

Angle, Stephen C. *Sagehood: The Contemporary Significance
　　of Neo-Confucian Philosophy*. Oxford/New York: Oxford
　　University Press, 2009.

Angle, Stephen C. *Contemporary Confucian Political
　　Philosophy: Toward Progressive Confucianism*. Cambridge
　　UK: Polity Press, 2012.

Arendt, Hannah. *The Human Condition*. Chicago: University of
　　Chicago Press, 1958. (HC)

Arendt, Hannah. *The Life of the Mind - The groundbreaking
　　investigation of How We Think*. Vol. 1 *Thinking*. San Diego/
　　New York/London: Harcourt Inc., 1976. (LM/I)

Arendt, Hannah. *The Life of the Mind*. Vol. 2 *Willing*. San Diego/
　　New York/London: Harcourt Inc., 1978. (LM/II)

Arendt, Hannah. *Responsibility and Judgment*. Edited and with
　　an introduction by Jerome Kohn. New York: Schocken,
　　2003. (RJ)

Arendt, Hannah. "Hannah Arendt im Gespräch mit Günter
　　Gaus", in: "Zur Person", 1964. (GmG)

Aristotle. *The Nicomachean Ethics*, trans. J.A.K. Thomson.

London; New York: Penguin, 2004.

Aristotle. *Aristotle's Metaphysics*, trans. Joe Sachs. Santa Fe, NM: Green Lion Press, 1999.

Bernauer, James W. "The Faith of Hannah Arendt: *Amor Mundi* and its Critique–Assimilation of Religious Experience," in: *Amor Mundi: Explorations in the Faith and Thought of Hannah Arendt*, ed. S.J. James W. Bernauer. Boston/Dordrecht/Lancaster: Martinus Nijhoff Publishers, 1987, pp. 1-28.

Burrus, Virginia. *Saving Shame: Martyrs, Saints, and Other Abject Subjects.* Philadelphia: University of Pennsylvania Press, 2008.

Deutscher, Max. *Judgment After Arendt.* Hampshire/Burlington: Ashgate, 2007.

Dunne, Joseph. *Back to the Rough Ground. Practical Judgment and the Lure of Technique.* Indiana: University of Notre Dame Press, 2001 [1993].

Gadamer, Hans-George. "Was ist Wahrheit?", in *Wahrheit und Methode. Ergänzungen Register.* Tübingen: Mohr, 1986, S. 44-56.

Heidegger, Martin. *Sein und Zeit.* Tübingen: Niemeyer, 1979. (SZ)

Heidegger, Martin. *Was ist Metaphysik?* Frankfurt am Main: Klostermann, 1986. (WM)

Heidegger, Martin. "Nachwort zu: »Was ist Metaphysik?«" (1943), in: *Was ist Metaphysik?* Frankfurt am Main: Klostermann, 1986, S. 43-52. (WMn)

Heidegger, Martin. "Rectorship Address: The Self-Assertion of the German University," in: Günter Figal (ed.), *The Heidegger's Reader*, trans. Jerome Veith. Bloomington &

Indianapolis: Indiana University Press, 2007, pp. 108-116. (RA)

Heidegger, Martin. "Das Wesen der Sprache", in: *Unterwegs zur Sprache*. Pfullingen: Neske, 1990, S. 159-216. (WS)

Heidegger, Martin. "Der Ursprung des Kunstwerks", in *Holzwege*. Frankfurt am Main: Klostermann, 1980, S. 1-72. (UK)

Heidegger, Martin. "Die Zeit des Weltbildes", in: *Holzwege*. Frankfurt am Main: Klostermann, 1980, S. 73-110. (ZW)

Heidegger, Martin, "Die Frage nach der Technik", in: *Vorträge und Aufsätze, Teil I*. Tübingen: Neske, 1967, S. 5-36. (FT)

Heidegger, Martin, "Bauen Wohnen Denken", in: *Vorträge und Aufsätze, Teil II*. Tübingen: Neske, 1967, S. 19-36. (BWD)

Heidegger, Martin. *Einführung in die Metaphysik*, GA 40. Frankfurt am Main: Klostermann, 1983. (EM)

Heidegger, Martin. *Grundprobleme der Phänomenologie, Frühre Freiburger Vorlesung Wintersemester 1919/20*, GA 58. Hrsg. von Hans-Helmuth Gander. Frankfurt am Main: Klostermann, 1993. (GdP)

Heidegger, Martin. *Phänomenologie der Anschauung und des Ausdrucks. Theorie der Philosophischen Begriffbildung*. Hrsg von C. Strube, GA 59. Frankfurt am Main: Klostermann, 1993. (PdA)

Heidegger, Martin. "Einleitung in die Phänomenologie der Religion," in: *Phänomenologie des religiösen Lebens*, GA 60. Frankfurt am Main: Klostermann, 1995, S. 3-125. (EPR)

Heidegger, Martin. *Beiträge zur Philosophie (vom Ereignis)*, GA Bd. 65. Frankfurt am Main: Klostermann, 1989. (BzP)

Heidegger, Martin. *Zollikoner Seminare*. GA 89. Hrsg. von Medard Boss. Frankfurt am Main: Klostermann, 2006. (ZS)

Held, Klaus. Rückgang auf das phainómenon und die geschichtliche Stellung der Phänomenologie, in: *Dialektik und Genesis in der Phänomenologie, Phänomenologische Forschungen*, 1980 (10), S. 89-145.

Held, Klaus. "Power of Judgment and Ethos," in: *Phenomenology of the Political World*. Taipei: National Chengchi University, 2004.

Hersch, Edwin L. *From Philosophy to Psychotherapy, a Phenomenological Model for Psychology, Psychiatry, and Psychoanalysis*. Toronto, Ontario, Buffalo, N.Y.: University of Toronto Press, 2003.

Higgins, Nicholas. "Shame on You: The Virtuous Use of Shame in Aristotle's Nicomachean Ethics," *Expositions* 9.2 (2015), pp. 1-15.

Joós, Ernest. *Dialogue with Heidegger on Values: Ethics for Times of Crisis*. New York: Peter Lang, 1991.

Kant, Immanuel. *Kritik der reinen Vernunft*. Hrsg. von Raymund Schmidt. Hamburg: Meiner, 1976. (KdrV)

Kant, Immanuel. *Kritik der Urteilskraft*. Hrsg. von Karl Vorländer. Hamburg: Meiner, 1974. (KU)

Kant, Immanuel. *Grundlegung zur Metaphysik der Sitten*. Hrsg. von Karl Vorländer. Hamburg: Meiner, 1965. (GMS)

Kimball, Roger. "Does Shame have a Future?", in *New Criterion* (September 2004): pp. 4-9.

Kristeva, Julia. *Hannah Arendt. Life is a Narrative*. Toronto/ Buffalo/London: University of Toronto Press, 2001.

Locke, Jill. *Democracy and the Death of Shame: Political Equality and Social Disturbance*. New York: Cambridge University Press, 2016.

Nussbaum, Martha. *The Fragility of Goodness: Luck and Ethics in Greek Tragedy and Philosophy*. Cambridge: Cambridge University Press, 2007.

Nussbaum, Martha. *Hiding from Humanity: Disgust, Shame, and the Law*. Princeton: Princeton University Press, 2004.

Ricœur, Paul. *The Conflict of Interpretation: Essays in Hermeneutics*, ed. Don Ihde. Evanston: Northwestern University Press, 1974.

Ricœur, Paul. "Love and Justice," in *Paul Ricœur: The Hermeneutics of Action*, ed. Richard Kearney. Thousand Oaks: SAGE Publications, 1996, pp. 23-39.

Zahavi, Dan. *Self and Other: exploring Subjectivity, Empathy, and Shame*. Oxford: Oxford University Press, 2016.

知識叢書 1126

「讓出空間」與「敬畏」作為公共領域價值的基礎
對於臺灣政治價值的省思

作者	汪文聖
「人文新猷」書系主編	黃冠閔、李育霖
主編	王育涵
校對	陳樂楙
責任企畫	郭靜羽
封面設計	江孟達工作室
內頁排版	張靜怡
總編輯	胡金倫
董事長	趙政岷
出版者	時報文化出版企業股份有限公司
	108019 臺北市和平西路三段 240 號 7 樓
	發行專線｜02-2306-6842
	讀者服務專線｜0800-231-705｜02-2304-7103
	讀者服務傳真｜02-2302-7844
	郵撥｜1934-4724 時報文化出版公司
	信箱｜10899 臺北華江橋郵政第 99 信箱
時報悅讀網	www.readingtimes.com.tw
人文科學線臉書	http://www.facebook.com/humanities.science
法律顧問	理律法律事務所｜陳長文律師、李念祖律師
印刷	家佑印刷有限公司
初版一刷	2022 年 11 月 25 日
定價	新臺幣 350 元

時報文化出版公司成立於一九七五年，並於一九九九年股票上櫃公開發行，於二〇〇八年脫離中時集團非屬旺中，以「尊重智慧與創意的文化事業」為信念。

ISBN 978-626-353-150-5｜Printed in Taiwan

「讓出空間」與「敬畏」作為公共領域價值的基礎：對於臺灣政治價值的省思／汪文聖著 .
-- 初版 . -- 臺北市：時報文化出版企業股份有限公司，2022.11
208 面；13×21 公分 .｜ISBN 978-626-353-150-5（平裝）
1. CST：政治思想　2. CST：臺灣政治｜570.1｜111017832